KB179548

월급쟁이 초보 주식투자 1일 3분

월급쟁이
초보 주식투자

하야시 료 지음
고바야시 마사히로 감수
노경아 옮김

1일 3분

: 화장실 휴식 시간에 주식투자했더니 월수입 5백만 원 달성!

지상사
Jisangsa

TOILET KYUUKEI DE KABU SHITETARA GESSHUU 50 MANEN NI NATTA KEN
ⓒ RYO HAYASHI 2020
ⓒ MASAHIRO KOBAYASHI 2020
Originally published in Japan in 2020 by Pal Publishing Co,.,Tokyo,
translation rights arranged with Pal Publishing Co,.,Tokyo,
through TOHAN CORPORATION, TOKYO and Enters Korea Co.,Ltd., Seoul.

프롤로그

사과부터 드려야겠습니다. 여러분, 죄송합니다.

저는 손정의나 호리에몬(인터넷기업 CEO)처럼 천재적인 사업가도 아니고 워런 버핏처럼 전설적인 투자자도 아닙니다.

1일 3분씩 화장실에 들어가 정해진 일을 하는 사람일 뿐입니다.

하지만 이 3분이 제 인생을 바꿔 놓았습니다. 그 과정이 고스란히 담긴 이 책을 3년 전의 저와 이 책을 고른 여러분에게 바치고 싶습니다.

예전에 연봉 340만 엔(3천400만 원)짜리 신입 사원이었던, 저는 롯폰기 힐스에서 첨단 사업을 펼치던 '힐스족'들을 동경했습니다.

네, 맞습니다.

당시 TV에 자주 소개되었던, 누구나 꿈꿀 만한 자유롭고 부유한 생활을 동경한 것입니다.

그래서 거금 200만 엔(2천만 원)을 들여 어떤 힐스족의 수제자가 되었고, 그의 지도하에 인터넷 비즈니스를 시작했습니다. 당시에는 TV에 출연하는 유명한 사람을 만난 것만으로 이미 성공을 거머쥔 듯했습니다. 벌써 1억 엔쯤 벌어들인 것처럼 기뻐서 어쩔 줄을 몰랐습니다. 그러나 머잖아 세상이 그리 만만하지 않다는 것을 깨달았습니다. '죽기 아니면 살기'라는 각오로 200만 엔이나 썼는데, 결국은

1억 엔은커녕 '1엔(10원)도 벌지 못하고' 끝나 버린 것입니다.

지금 생각하면 배울 점이 많은 소중한 경험이었지만 사회에 진출한 지 얼마 되지 않아 비즈니스의 '비'자도 몰랐던 당시의 저로서는 무척 절망적인 실패였습니다.

그러나 저에게는 도저히 포기할 수 없는 이유가 있었습니다. 제본소를 운영하던 부모님이 큰 빚을 지면서까지 우리 3남매를 정성껏 키워 주셨다는 사실을 알게 되었으므로, 은혜를 어떻게든 갚고 싶다는 마음이 간절했습니다.

부모님은 저와 여동생, 남동생을 어릴 때부터 아무런 부족함 없이 키우셨습니다. 어머니는 제본 일을 돕는 한편 신문을 배달하면서 생활비를 벌었습니다.

스스로 목숨을 끊어 보험료라도 물려줄까 하는 생각을 했다는 아버지의 말씀을 들었을 때는 눈물이 그치지 않았습니다.

아버지는 그런 상황에서도 제가 무언가에 도전하겠다고 하면 아낌없이 지원해 주셨습니다. 그래서 저는 무슨 일이 있어도 절대 포기할 수 없었습니다.

대학을 졸업하자마자 들어갔던 회사를 1년 8개월 만에 그만두고 힐스족이 되려 하다가 절망만 맛본 뒤, 3개월쯤 백수로 지내다가 두 번째 회사에 입사했습니다. 그러나 회사원 연봉이란 뻔한 수준이었으므로 경제적 상황은 크게 달라지지 않았습니다. 그 후에도 상황을 어떻게든 바꿔 보려고 계속 정보를 모았으나 이렇다 할 것이 없었습니다. 인터넷에는 '누구나 쉽게 돈 벌 수 있다'라는 광고가 넘쳐 났지만 모두 허황된 감언이설로 보였습니다. 이전에 크게 실패한 적이 있어서 겁이 났습니다. 그래도 포기하지 않고 기회를 계속 찾았습니다.

그렇게 3개월을 보낸 후, 드디어 제 인생을 바꾸어 놓을 책을 만날 수 있었습니다. 제목은 《연봉을 350만 엔에서 1억 엔으로 늘린 고바야시 씨의 돈 버는 법》이었습니다. 그 때의 충격은 지금도 잊히지 않습니다. 직감적으로 '이건 운명이야'라고 확신했습니다.

제목에 쓰인 금액이 당시 제 연봉과 비슷했기에 친근감을 느꼈고, 저자를 만나 이야기를 나누고 싶다는 생각이 들었습니다. 지푸라기라도 잡고 싶은 심정이었습니다. 책 까지 낸 사람이니 믿어도 괜찮을 거라는 생각으로 페이스 북 메시지를 보냈습니다. 그런데 그것이 제 부업(주식투자 인생)의 시작이었습니다.

그분은 마치 친척 아저씨처럼 제 이야기를 잘 들어 주 었을 뿐만 아니라 귀중한 인생의 교훈을 이것저것 가르쳐 주었습니다.

"어떻게 하면 성공할 수 있습니까?"

이런 유치한 질문에도 그분은 다음과 같이 진지하고 친절하게 답해 주었습니다.

"눈앞의 과업을 꾸준히, 착실히 수행하기만 해도 해마다 인생이 달라질 거야. 하야시 군도 해낼 수 있어."

이 말은 절망의 늪에 빠져 있던 제게 용기를 주었습니다.

주어진 본업에 충실하면서 다른 수입원을 만들어야 한다는 사실을 깨달은 뒤, 현역 억대 트레이더인 야마시타 게이 씨를 소개받게 되었습니다.

저는 원래 주식투자에 회의적이었습니다. 솔직히 말해, 주식은 일부 재능 있는 사람만 성공할 수 있는 게임이고 보통 사람에겐 '도박'이라고 단정하고 있었습니다. 그래도 '도전을 멈추지 않은 덕분에 여기까지 왔으니 고바야시 씨의 말을 한번 믿어 보자!'라는 마음으로 귀를 기울였습니다. 그 결과 주식투자에 대한 생각이 완전히 바뀌었습니다. 무엇이든 시작하지 않으면 현실을 바꿀 수 없다는 것을 깨닫고 회사 업무를 충실히 수행하면서 주식을 공부해야겠다고 결심했습니다.

물론 주식에 대한 지식도 경험도 전혀 없어 밑바닥에서부터 시작해야 했지만, 야마시타 씨의 강의는 매우 쉬웠고 그의 강의를 듣고 성과를 내는 학생들도 많았으므로 좋은 자극을 받았습니다.

그 후 6개월간 주식 공부를 한 뒤 미즈호은행에 있었던 50만 엔(500만 원)을 인출하여 증권 계좌를 개설하였고, 조심스럽게 거래를 시작했습니다. 그로부터 1년 6개월 만에 50만 엔이 6배로 불어났습니다. 게다가 달마다 50만 엔 정도의 추가 수익을 얻게 되었습니다.

6개월 전에 평범한 회사원이었던 저로서는 상상도 못할 일이었습니다. 보통 회사원의 급여와는 수준이 다른 금액이었습니다. 세상에는 저마다의 스타일로 주식 거래를 하는 사람이 셀 수 없이 많지만, 야마시타 씨는 바쁜 회사원인 제가 부업으로 하기에 딱 알맞은 거래 스타일을 제시해 주었습니다. 그 방식을 쓰면 하루 몇 분만 시간을 내어 거래를 하면 됩니다. 사람들이 흔히 상상하듯 종일 모니터에 붙어 주가 동향을 관찰하지 않아도 되고 하루에 몇 번씩 매매를 할 필요도 없습니다.

그렇게 저는 '화장실 트레이더'가 되었습니다.

저는 하루 한 번 주가를 확인합니다. 주식 거래소가 닫히기 30분 전인 오후 2시 30분에 차트를 보고 매매 여부를 판단하는 것입니다. 그렇게 판단하고 실행하는 데에는 3분밖에 걸리지 않으므로 화장실에서 잠시 쉬는 시간에 모든 일을 끝낼 수 있습니다. 그 시간에 제가 하는 일이라고는 스마트폰 화면에서 매매 버튼을 클릭하는 것뿐입니다.

여기서 가장 강조하고 싶은 것은 제가 특별해서 성과를 낼 수 있었던 것이 아니라는 사실입니다. 저처럼 경험이 전혀 없는 사람도 착실히 공부하여 시작하면 되고, 저처럼 시간이 없는 사람도 충분히 실천할 수 있는 일입니다. 여러분도 이 방식을 일단 익혀 두면 틀림없이 평생 쓸 수 있는 재산과 기술을 갖게 될 것입니다.

이 책을 저와 비슷한 상황에 놓인 사람, 가족과 소중한 사람을 행복하게 해 주고 싶은 사람에게 추천합니다. 주식투자를 전혀 경험한 적 없는 초보자들과 오늘도 열심히 일하고 있는 전국의 노동자들에게 용기를 주고 싶습니다. 용어를 해설하거나 전문적 기술을 전수하는 책은 이 책 말고도 많지만, 그것만으로는 현실을 극복하기 어렵습니다. 그러므로 저는 이 책을 통해 야마시타 씨가 저에게 가르쳐 준 재현성 높은 주식 거래 방식을 전하려 합니다. 여러분도 이 책을 읽고 성공적인 주식 거래에 필요한 기술과 마음가짐을 이해하고, 본업의 수입에 수만, 수십만 엔의 수입을 보탤 수 있기를 바랍니다.

주식 거래로 얻은 수입으로 고생하신 부모님께 첫 해외여행을 선물하고, 결혼기념일에 아내와 리츠칼튼 호텔의 만찬을 즐기고, 아이가 영어 학원, 피아노 학원에 자유롭게 다닐 수 있도록 만듭시다.

스스로 삶의 방식을 선택할 자유!

소중한 사람을 지키려면 수입원을 늘려 경제적 자유와

정신적 자유를 얻는 것이 중요합니다. 우선 아주 작은 첫 걸음을 내디뎌 보세요. 그 작은 첫걸음이 점점 큰 결과를 낳으며 여러분의 마음속에 자신감을 불러일으킬 것입니다.

재능도 인맥도 연줄도 없었던 평범한 제가 성공하는 과정을 지켜보며, 누구나 올바른 방향으로 올바르게 노력하면 발전하고 성공할 수 있다고 생각하게 되기를 바랍니다. 사실 이 책을 제일 먼저 읽게 하고 싶은 사람은 3년 전의 저입니다. 그때의 저처럼 인생을 변화시키고 싶은 독자 여러분에게 이 책을 바칩니다. 차분히 읽고 인생을 바꾸어 보시기 바랍니다.

저자 하야시 료

차례

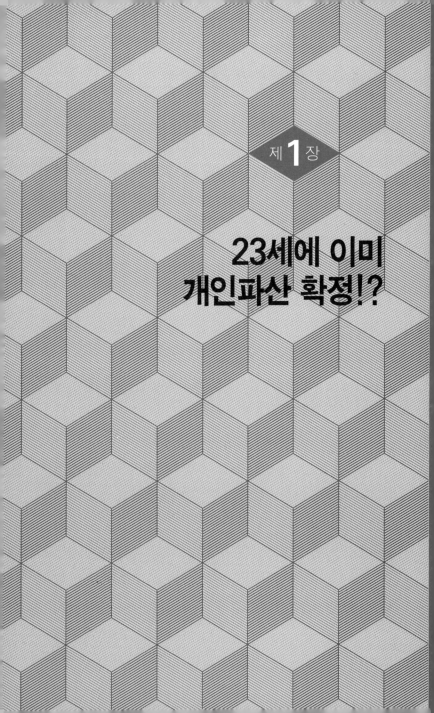

제 **1** 장

23세에 이미
개인파산 확정!?

파멸의 카운트다운

—— 취업 그리고 집안의 빚

22세이었던 2014년, 친구들은 대학을 졸업한 후 취업에 성공하여 장래를 약속받기라도 한 듯 대기업 생활에 매진하고 있었지만 저는 홀로 절망의 구렁텅이에 빠져 있었습니다.

스물둘밖에 되지 않은 저에게는 너무 가혹한 상황이었습니다.

"지금까지 말은 안 했지만 우리집에는 큰 빚이 있다. 그래서 지금 그걸 갚으려고 필사적으로 노력하는 중이다."

어느 날 저녁, 아버지가 갓 사회인이 된 저를 갑자기 불렀습니다. 평소에 저와 세세한 대화를 나누지 않았던 아버지가 진지하게 할 말이 있다고 하니 긴장이 되었습니다. 곧바로 '보통 일이 아닌가 보다'라는 예감이 들었습니다.

아버지는 담담히 말했습니다. '요즘 사무실에서 종이가 사라지는 추세여서 거래했던 단골 인쇄회사가 세 군데나

줄줄이 망했다'는 것입니다. '게다가 기계를 다룰 줄 아는 사원이 셋 다 그만두어서 아버지와 어머니 둘이 일을 전부 감당하게 되었고, 아버지는 신규 고객을 확보하여 매출을 만회해 보려고 엽서와 전단지를 만들어 필사적으로 영업을 뛰고 있다'고 했습니다. 심지어 '목숨을 던져 보험금이라도 남겨 줄까'라는 생각까지 했다고 합니다.

갑자기 그런 말을 들으니 당장 해결책을 낼 수도 없는 저는 어찌할 바를 몰라 그저 눈물만 줄줄 흘릴 뿐이었습니다. 장남이니 가업을 이어받아 집안을 일으킬까 하는 생각도 들었지만 그것보다는 밖에서 일해서 급여를 받아 가계를 돕는 것이 나을 듯해 취업을 결심했습니다. 대학교 3학년 때 취업 학원에 다니기도 했는데, 그때 어머니가 아무 말씀도 없이 학원 입학금 30만 엔을 내 주신 것이 떠올랐습니다. 얼른 취업하여 은혜를 갚아야겠다는 생각뿐이었습니다. 좋은 대학을 나와 대기업 사원이 되기만 하면 가족들도 편해질 것이고 제 인생도 행복해질 것이라고 믿었습니다.

위기를 어떻게든 극복하고 생계를 유지하기 위해 아버지는 심야와 주말에도 아르바이트를 했고, 어머니도 본업과는 별도로 쉬는 날도 없이 새벽 2시에 일어나 신문배달을 했습니다. 저는 곁에서 그 모습을 줄곧 지켜보았습니다.

사실은 대학도 장학금을 받아 겨우 다녔습니다. 고등학교 때 집안 형편을 전혀 모르고 '재수 학원을 다니고 싶다' '국립은 너무 어려우니 사립대학에 가겠다'라고 말했던 것이 지금도 후회가 됩니다.

그래도 저뿐만 아니라 저희 3남매 모두 집안 형편이 그 정도로 어렵다는 것을 전혀 눈치채지 못했습니다. 부모님은 우리를 그만큼 부족함 없이 키워 주셨습니다. 아무 도움도 되지 못하는 무력한 제가 한심하고 분통 터졌습니다. 아무리 감사해도 부족한 부모님께, 저는 언제나 애틋한 마음을 품고 있습니다.

아버지의 이야기를 듣고 나서는 그 마음이 더 강해졌습니다. 출퇴근 시간이나 근무 중, 식사할 때, 잠들 때도 머릿속으로 가족을 생각했으며 종일 '나는 무엇을 할 수 있을까, 어떻게 해야 좋을까'를 고민하게 되었습니다. 그러던 어느 날 밤, 매력적인 광고 하나가 제 눈길을 사로잡았습니다.

"연봉 2억 엔의 힐스족, 수제자 모집!"

'인생 끝나는 날에 의미 있는 인생, 후회 없는 인생이었다고 말하고 싶다. 나도 변하고 싶다, 변할 수 있을까?'라는 마음으로 주저 없이 신청서를 넣었습니다.

이제 힐스족이 되는 수밖에 없어!

—— 200만 엔의 투자 실패

2015년 9월, 페이스북에서 모집 광고를 보자마자 신청서를 보냈지만 이미 인원이 다 찼다고 했습니다. 그러나 모처럼 눈앞에 나타난 기회를 놓칠 수 없다는 생각으로 용기를 내어 대표에게 메시지를 보냈습니다. 그러나 한참 동안 아무런 반응이 없었습니다. 그래서 메시지를 몇 통 더 보냈습니다. 그랬더니 열의가 전달되었는지, 대표에게서 답장이 왔습니다.

"제게 보여 준 열의가 진심이라면, 제 수제자 선발 과정에 참여해 보시겠습니까?"

즉시 Yes라고 답했습니다. 아직 아무 일도 일어나지 않았지만 마치 복권에라도 당첨된 것처럼 기뻐서 어쩔 줄을 몰랐습니다.

그날부터는 그의 수제자가 되는 것만 생각하고 이런저런 일에 도전했습니다. 경쟁률이 높다는 사실을 알고 있었지만 '이것만은 다른 누구에게도 양보하지 않겠다'라고 마음먹고 밤낮없이 전력을 기울였습니다. 일단은 그의 마음을 얻기 위해 그가 운영하는 다양한 매체(트위터, 페이스북, 유튜브 등)를 조사했습니다. 그렇게 매일 새벽 3~4시까지 깨어있다 보니 회사에도 여러 번 지각했으며, 거짓말을 하고 결근하기도 했습니다. 사람과의 만남도 극단적으로 줄였고 회사 회식에도 불참했고 근무 중에 졸기도 했습니다. 일반적으로는 제가 이상해 보이는 것이 당연합니다. 그러나 저는 너무 평범해서 다른 사람보다 더 노력해야만 경쟁에 이길 수 있다고 생각했습니다. 그래서 그 정도는 해야 한다고 각오하고 수제자가 되는 일에만 매진했습니다.

제 인생의 주인공은 저 자신입니다!

무슨 일을 하든지 '주변에서는 어떻게 생각할까?' 싶어 불안해하는 사람이 있습니다. 독자 중에도 그런 분이 있을지 모르겠습니다. 신경 쓰지 않으려 하는데도 주변 시선이 자꾸만 신경 쓰일 수도 있습니다. 하지만 남을 신경 쓰느라 스스로 행동을 제약하는 것은 무척 안타까운 일입니다. 이런 생각은 지금까지도 변함없습니다.

한 명을 뽑는데, 약 1천 명이 넘는 지원자가 몰렸습니다. 확률은 0.001%로 극히 낮았지만 저는 누구에게도 지지 않을 자신이 있었습니다. 그가 발표한 앨범의 음악을 통째로 외워 면접에서 부르기도 했고, 시간을 내 그를 직접 만나 이야기하기도 했으며, 늦은 밤까지 질문을 해 가며 과제를 다른 사람보다 많이 제출했기 때문입니다. 짧은 기간에 이만큼 했으니 합격할 거라고 제 자신을 안심

시켰습니다.

최종 면접을 마친 후, 운명의 합격자 발표일이 다가왔습니다.

결과는 어땠을까요? 나란히 도전했던 수많은 경쟁자를 제치고 멋지게 합격!
제가 수제자로 뽑혔습니다.

진심으로 기뻐서 '해냈다!'라며 두 주먹을 불끈 쥐었습니다.
노력을 보상받은 듯한 기분이 들었고, '이제 가족을 도울 수 있다'라는 안도감으로 가슴이 뿌듯해졌습니다. 그때 그는 컨설팅 비용으로 200만 엔을 요구했습니다. 고액이어서 잠시 움찔했지만 '어렵게 수제자가 되었으니 투자하자'라며 과감하게 지불했습니다.

이 사진은 그때 스승의 조언에 따라 서둘러 찍은 프로필 사진입니다.

…. 지금 보니 가슴이 무척 아프네요. (하하)

본론으로 돌아갑시다. 그때부터 그의 수제자로서 과제를 착실히 수행했습니다. 그와 긴 시간을 함께하며 평생 처음으로 럭셔리한 호텔라운지 미팅과 고급 레스토랑 식사 등을 경험했습니다. 전부 TV를 보며 동경했던 생활이었죠.

저도 비즈니스에 빨리 성공해서 그 단계로 진입하고 싶다는 생각에 가슴이 두근거렸습니다.

그러나 순풍에 돛을 단 듯했던 항해는 슬슬 끝나가고, 항로에 점점 먹구름이 끼기 시작했습니다.

당시 저는 매일 평균 3~4시간밖에 자지 못했고, 그날이 무슨 요일인지, 그때가 몇 시인지도 구분하지 못하는 상태로 계속 활동하고 있었습니다. 이런 생활이 3~4개월쯤 이어지자 수면 부족과 영양실조 때문에 하루하루가 몽롱하게 지나갔습니다. 언젠가부터, 저 스스로는 괜찮다고 생각했지만 주변 사람들이 안색이 나쁘다면서 저를 걱정하기 시작했습니다. 게다가 아무리 스승의 조언대로 행동해도 수입은 한 푼도 늘지 않았고 결국 회사에까지 제 생활이 탄로 나게 되었습니다. 그래서 상사와 면담을 하고 인사부에 불려 다닌 끝에 결국 해고당하고 말았습니다. 심지어 수제자 활동도 성공적이지 못했으니, 그야말로 실패로 가득한 나날이었습니다.

'이대로 가면 정말 위험하다.'

장래에 대한 불안이 점점 커졌습니다. 처음에는 벌써 성공하기라도 한 듯 기뻐했지만 머잖아 제가 얼마나 어리석었는지 깨달았습니다. 돈은 결코 쉽게 벌리지 않았고, 오히려 모아 둔 돈만 야금야금 쓴 결과 통장이 바닥을 드러내기 시작했습니다. 건강까지 나빠지니 여자 친구를 비롯한 주변 사람들이 극구 반대하여 결국 제자 생활을 그만둘 수밖에 없었습니다. 그만큼 고생해서 얻은 제자 자리를 제 탓으로 놓친 데다 힐스족이 되는 길도 허무하게 끊어져 버린 것입니다. 200만 엔을 투자한 결과로 남은 것은 크나큰 실패의 쓰라림뿐이었습니다. (흑흑)

무일푼의 무직자가 되어 절망의 늪에 빠지고 나니 가족을 볼 낯이 없었습니다.

'이 무슨 한심한 꼴인가. 역시 나처럼 평범한 놈은 아무것도 할 수 없구나.'

마음을 지탱했던 마지막 끈이 '이제 다 끝났다'라고 선언하며 툭 끊어지는 것만 같았습니다. 그러나 그때 가족의 얼굴이 떠올랐습니다. 부모님은 저보다 몇백 배나 노력하고 고생하셨습니다. 위기 속에서도 멈추지 않고 열심히 일하는 모습을 곁에서 지켜보는 동안 나도 멈춰 있으면 안 된다고 생각했던 것을 기억해 냈습니다. 그래서 '무슨 일이 있어도 포기하지 않는다. 죽지 않는 한 두려울 것이 없다'라고 마음을 고쳐먹었습니다.

결국 나는 평범한 사람이었다

── 회사원으로 복귀

잠시 힐스족의 세계로 발을 들이는가 싶다가 한순간에 추락한 후, 제 머리에 떠오르는 선택지는 회사원으로 돌아가는 것뿐이었습니다. 자기 관리가 안 되는 사람은 누군가에게 관리를 받는 수밖에 없기 때문입니다. 회사원은 몇 시에 어디로 가고 무엇을 할지, 급여를 얼마나 받을지도 전부 남의 관리를 받습니다. 휴식 시간도 일정하게 확보되고 세금까지 관리해 주니, 저도 다시 회사원이 되면 마음이 안정될 듯했습니다. 그래서 구인 사이트에서 3년 이내 대졸 경력을 모집하는 회사에 지원서를 넣기 시작했습니다.

이직 에이전시에도 전 직장보다 높은 희망 연봉을 적어서 지원서와 이력서를 냈습니다. 그러나 계속 거절당했습니다.

과거의 실패로 얻은 상처도 치유되지 않은 상태에서 다른 도전에 계속 실패하자 '나는 역시 안 되나 보다'라는 생각에 기분이 몹시 침울해져 한동안은 밖에 거의 나가지 않고 집에 틀어박혀 지내게 되었습니다.

그러던 어느 날, 의기소침해 있던 저에게 어머니가 부드러운 목소리로 말했습니다.

"갈 곳이 정해질 때까지 우리 일을 도와주지 않을래?"

그 후 한 달쯤 부모님을 도와 아르바이트를 했는데, 두 분은 제 실패 경험과 이직 준비에 신경을 써 주시면서도 아무런 간섭도 하지 않으셨습니다.

'취직하지 말고 그냥 부모님이 하는 일을 이어받을까?'라는 생각도 했지만, 역시 그것보다는 밖에서 일해 돈을 보태는 것이 가계에 도움이 될 것 같았습니다. 당시 아버지는 저에게 가업을 물려줄 경우를 생각하여 이것저것 궁리하고 계셨습니다. 그런 고마운 마음을 생각해서라도 반드시 좋은 결과를 낼 때까지 포기하지 않고 도전해야겠다고 결심했습니다.

장래가 여전히 불투명한 채 시간만 흐르던 어느 날, 전화벨이 울렸습니다. 지원한 회사의 서류 전형에 합격했다는 것이었습니다. 그 후 순조롭게 면접을 거쳤고 간신히 합격하여 다시 회사원이 되었습니다.

하지만 회사에서 일하는 것만으로는 문제를 근본적으로 해결할 수 없었습니다. 260만 엔쯤 되는 두 번째 회사의 연봉으로는 경제적인 속박에서 벗어날 수 없었기 때문입니다. 그래서일까요? 이직에 성공하고도 마음이 어딘가 뻥 뚫린 듯한 느낌이 사라지지 않았습니다.

그래서 회사 일을 하면서도 줄곧 다른 길을 찾았습니다. 하지만 인터넷에는 '간단히 돈 벌 수 있다'는 광고나 수상쩍은 강좌에 대한 정보만 가득했습니다. 실패를 거듭하고 싶지 않았으므로 신중을 기해야 했습니다.

그러던 어느 날, 회사 점심시간에 여느 때처럼 인터넷 서핑을 하다가 운명의 책을 만나게 되었습니다. 이 책이 제 인생을 크게 바꿔 놓을 것을 그때는 꿈에도 알지 못했습니다.

수많은 실패 후 찾아온
단 하나의 성공
—— 고바야시 씨와의 만남, 부업 인생 시작

그 책은 '고바야시'라는 분이 쓴 책이었습니다. 제 당시 연봉과 책 제목에 기재된 연봉이 비슷해서 친근감이 느껴졌습니다. 저도 모르는 사이 책을 사서 눈 깜짝할 사이에 다 읽고 나니 저자를 직접 만나고 싶다는 생각이 들었습니다. 책에는 '회사원으로 생활하면서도 다양한 부업에 도전하여 본업 이외의 수입원을 많이 만들어 두는 것이 중요하다'라는 이야기가 쓰여 있었습니다.

회사원으로 살면서 부업으로 수입을 늘린다?

'바로 이거야!'

'이 정도라면 평범한 나도 실천할 수 있겠다'라는 확신이 들었습니다.

하지만 그 순간, 과거의 실패가 머리를 스쳤습니다. '힐스족'이 되려다 큰 상처를 받았던 사건 말입니다.

'만나자마자 비싼 컨설팅 비용을 내라고 하는 건 아닐까?' 싶어 불안했습니다. 하지만 책까지 출판한 사람이니 믿어도 될 것 같았습니다. 꼭 만나고 싶기도 했습니다. 그래서 '오히려 지금 아무 도전도 하지 않으면 평범한 회사원으로 살게 될 뿐이다. 길든 짧든 한 번 사는 인생, 기회를 놓치지 말자'라는 마음으로 용기를 내서 고바야시 씨를 찾아갔습니다.

그는 저를 고급 주상복합으로 불렀습니다. '세상에, 이런 아파트에 산다고? 어떻게 하면 이런 데 살 수 있지?'라는 생각이 들었습니다. 평범한 회사원을 고급 주상복합에 살게 만든 비결이 궁금해서 견딜 수 없었습니다.

긴장감을 애써 감추며 잠시 기다린 끝에 드디어 그를 만났습니다. 그에게 제가 지금까지 살아 온 이야기, 앞으로 어떻게 하면 좋을지 모르겠다는 이야기를 전부 털어놓았습니다. 그는 제 이야기를 진지하고도 친밀한 태도로 끝까지 듣더니 정중하게 조언했습니다.

"본업의 수입을 성실히 유지하면서 부업을 해서 다른 수입원을 만드세요."

실제로 350만 엔이었던 연봉을 1억 엔까지 올렸던 사람에게 이런 말을 들으니 '나도 할 수 있어!'라는 긍정적인 생각이 솟아났습니다. 열심히 하고 싶은 의욕이 끓어올랐습니다.

사실 처음에는 불안한 마음이 컸지만 고바야시 씨가 "하야시 씨도 똑같이 노력하면 성공할 수 있어요!"라고 말해 준 덕분에 첫걸음을 내디딜 용기가 생겼고, 그날부터 부업의 세계에 관심을 두게 되었습니다. 그렇게 제 부업 인생이 시작되었습니다.

그래서 평일에는 아침 9시부터 18시까지 회사에서 일을 하고, 퇴근 후에 시급 1천 엔 정도를 버는 부업을 하기 시작했습니다. 회사 급여 외에 5만 엔 정도의 추가 수입을 처음으로 손에 쥐었을 때는 정말로 기뻤습니다.

그러던 어느 날, 수입을 좀 더 늘리고 싶다는 생각을 하던 차에 다시 기회가 찾아왔습니다. 전부터 들어서 알고 있던 현역의 억대 주식 투자자를 고바야시 씨가 소개해 준 것입니다. 그 만남이 제 인생을 또 한 번 크게 바꾸었습니다.

지금도 이렇게 말하는 사람이 많습니다.

'나한테는 기회가 안 온다.'
'나는 어쩐지 일이 잘 안 풀린다.'

'요즘 들어 일이 이상하게 안 풀린다'라거나, '왜 저 사람한테만 기회가 올까'라고 생각할 수도 있습니다. 그러나 몇 번을 실패해도 다시 일어나 행동하는 사람에게는 반드시 기회가 찾아옵니다. 이것은 여러분 모두에게 해당되는 원리입니다.

'긍정적으로 사고하고 노력하고 행동하는 사람일수록 기회가 많이 오고 운도 좋다.'

여기서 말하는 '긍정적으로 사고하고 노력하고 행동하는 사람'이란, 행동량도 많고 정보에 대한 감도도 높아서 다양한 정보를 수집하는 사람입니다. 그들은 그 정보 중 중요한 것을 스스로 취사선택하고 활용하여 기회를 잡습니다.

결국 만나게 된,
마치 나를 위해 생겨난 듯한 부업
—— 주식투자와의 만남

솔직히 말해 그전에는 주식투자를 '도박'이라고 생각했습니다. 주식으로 수익을 올리는 사람은 극히 소수이고 대부분은 손해를 보니, 저처럼 평범한 사람은 주식으로 돈을 벌 수 없다고 믿었습니다.

당시 회사 상사나 선배들도 주식 거래를 많이 했지만 성공한 사람은 아무도 없었습니다. 오히려 절임(일본 주식계의 은어로, 원금 손실이 두려워 계속 주가가 떨어지는데도 주식을 팔지 못하고 계속 버티는 것, 혹은 그런 주식을 말함. 너무 오래 갖고 있어서 음식처럼 발효되었다는 비유적 표현)이 된 주식을 끌어안고 주가가 오를 때까지 무작정 버티거나 손해를 보고 물러나는 사람이 더 많았습니다. 그래서 저도 주식을 꺼린 것인데, 고바야시 씨의 소개로 현역 억대 트레이더인 야마시타 게이 씨를 만나고 나서 생각이 바뀌었습니다. 그의 이야기를 들은 후 이전의 편견과 오해가 사라졌을 뿐만 아니라 주식투자에 대한 가치관과 개념이 완전히 변한 것입니다.

그가 제게 처음 했던 말이 지금도 잊히지 않습니다.

"훈련과 공부 없이 주식투자를 하면 안 됩니다. 하지만 제대로 공부하고 시작하면 주식은 당신의 인생에 반드시 보탬이 될 겁니다."

이전에 만난 힐스족들은 하나같이 '돈을 쉽게 벌 수 있다'라고 말했는데, 야마시타 씨가 정반대의 이야기를 한 것입니다.

이 말을 듣고 주식에 대한 생각이 바뀐 저는 공부를 시작했습니다. 무슨 일이든 본격적으로 시작하기 전에는 훈련과 연습이 필요합니다. 예를 들어 시험을 쳐서 원하는 학교에 들어가고 싶다면 학원을 다니거나 기출 문제를 풀거나 모의시험을 쳐서 시험에 대비해야 합니다. 스포츠 선수도 전국 규모의 경주나 세계 규모의 올림픽에 참가하려면 남보다 훨씬 많이 훈련하고 노력해야 합니다.

주식투자 역시, 시험을 치르거나 스포츠 경기에 도전할 때처럼 본격적으로 도전하기 전에 훈련을 해야 합니다.

주식 거래에는 특별한 자격이 필요 없습니다. 누구나 무료로 증권 계좌를 개설하고 수수료를 지불하기만 하면 쉽게 주식투자를 시작할 수 있습니다. 그러나 주식 거래로 실제 수익을 내기는 무척 어렵습니다. '주식으로 큰돈을 벌고 싶다'라는 안이한 생각으로 변변한 준비도 없이 억대 트레이더나 해외 투자가, 헤지펀드 등이 즐비한 싸움판에 끼어들었다가는 돈을 벌기는커녕 순식간에 자금을 탕진하기 쉽습니다.

그렇게 되지 않으려면 주식투자를 시작하기 전에 진지하게 공부하고 훈련해야 합니다. 사람들이 흔히 오해하는 것이 이 부분입니다. 공부를 생략하고 아무런 노력 없이 투자를 시작하는 것은 엄청나게 위험한 일입니다.

만약 그때 야마시타 씨를 만나지 못했다면 지금의 저도 없을 것입니다. 또 그때 용기를 내서 첫걸음을 내딛지 않았다면 저는 아직도 장래를 불안해 하는 회사원으로 근근이 연명하고 있을 것이 뻔합니다.

화장실에서 쉴 때마다 자산이 불어난다!? 나도 할 수 있는 1일 3분 투자

화장실에서 쉬는 동안 시급이 50만 엔으로!?

여러분은 주식 투자자라고 하면 어떤 모습을 떠올립니까?

집의 컴퓨터에 모니터를 여러 대 연결해 놓고 종일 차트에 매달려 있는 사람을 떠올리는 분이 많을 것입니다.

이것도 흔한 편견이자 오해입니다. 사실은 컴퓨터 한 대, 아니 스마트폰만 있어도 언제 어디서나 주식 거래를 할 수 있습니다. 모니터 여러 개를 살 돈이 있으면 차라리 그 돈을 투자금에 보태는 것이 낫습니다. 그보다 자신에게 맞는 투자 방식을 확립하고 운용 능력을 높이는 것이 중요합니다.

결론부터 말씀드리자면, 저는 시간을 별로 쓰지 않으면서 이익을 확실히 올리는 방식으로 주식투자를 하고 있습니다. 화장실에서 쉬는 시간이나 차 마시는 시간, 쇼핑할 때 계산대 앞에 줄을 서서 기다리는 시간, 빨래를 기다리는 시간 같은 자투리 시간을 활용하여 거래를 끝냅니다. 일상생활이나 본업에 지장을 주지 않으면서 1일 3분으로 거래를 끝낼 수 있으니 그야말로 최적의 부업이라 할 수 있습니다.

본업이 바쁜 사람은 '주식투자를 시작하고 싶지만 시간을 내기가 어렵다'라며 망설이는 경향이 있습니다. 그러나 처음부터 시간을 따로 내서 일한다는 생각으로 시작하면 본업이 바빠져서 시간을 못 내게 되었을 때 아예 손을 놓아 버리기 쉽습니다. 바쁜 사람에게는 지금 있는 자투리 시간을 활용하여 부담 없이 시작하고 쉽게 지속할 수 있는 방식이 적합합니다. 그래서 제가 스마트폰 한 대로 자투리 시간에 주식투자를 하는 방식을 소개하려 하는 것입니다.

저는 매일 같은 시간에 같은 일과를 수행합니다. 매일 오후 2시 30분이 되면 화장실에 들어가 쉬면서 주식 거래를 하는 것입니다.

　어느 날 제가 주식 거래로 벌어들인 실제 수입을 시급으로 환산해 보았더니 무려 50만 엔이라는 숫자가 나왔습니다. 이처럼 본업만으로는 거의 불가능한 고수익을 실현할 수 있는 것도 주식 거래의 매력입니다.

　주식으로 추가 수입을 벌게 된 후로는 생활에 여유가 생겼습니다. 본업에 지장을 주지 않고 부담 없이 하는 일이므로 전과 다름없는 생활을 유지하면서 월수입을 2배 이상으로 늘릴 수 있었기 때문입니다.

　회사를 다니면서 일정한 시간에 자리를 떴으니, 주변에

서는 저를 신뢰할 수 없는 사람으로 보거나 체력에 문제가 있다고 생각했을지도 모릅니다. 반대로 전혀 신경 쓰지 않았을지도 모르지요. 어쨌든 저는 그런 주변 시선에는 아랑곳없이 매일 화장실 칸막이 안에 들어가 3분간 열심히 거래하여 착실히 수익을 냈습니다.

그 1일 3분이 제 인생을 바꿨습니다. 그렇다면 저처럼 바쁜 여러분도 충분히 수입을 늘릴 수 있습니다. 무리 없는 범위에서 자투리 시간을 활용하여 꼭 도전하시기 바랍니다.

당장 내일부터 이 책을 읽은 분들이 화장실을 자주 찾을 듯해 미소 짓게 되네요. (하하)

골든타임은 마지막 30분!

일본 주식(도쿄증권거래소)의 거래 시간은 평일 09:00~11:30(전장), 12:30~15:00(후장)으로 각각 2시간 반, 합쳐서 5시간입니다.

09:00~09:30, 즉 개장 직후 30분간은 하루 중 가격 변동이 가장 큰 시간대입니다.

12:30~13:00, 즉 오후 개장 직후에도 가격 변동이 커지기 쉽습니다. 점심시간에 주가에 영향을 주는 사건이 일어났다면 변동 폭이 더 커집니다. 저는 그런 시간대에는 거래를 되도록 피하고 주가가 수습되어 안정되는 폐장 전 시간을 노립니다. 마지막 순간까지 기다렸다가 매매하는 것이 제 거래의 기본입니다. 오전에 내렸던 주가가 오후에 오르는 경우가 꽤 많으므로 주가가 안정되는 시간대를 기다리는 것입니다.

어쩌면 여러분 주변에도 하루 주가의 변동에 따라 근무 중에 웃었다 울었다하는 사람이 있을지도 모릅니다. (하하)

어쨌든 가장 중요한 시간대는

14:30~15:00, 즉 최후의 30분입니다.

저에게 이 시간은 그야말로 골든타임입니다.

저는 이 시간이 되면 스마트폰을 들고 화장실에 들어가 전날까지 지켜보았던 종목의 주가가 어떻게 변했는지 확인합니다. 그리고 미리 정해 둔 매매 조건이 충족되었다면 사거나 팔거나 예약 주문을 넣습니다. 조건이 충족되지 않았다면 가만히 내버려 두고 프로그램을 종료합니다. 여기에 드는 시간은 기껏해야 3분입니다.

그렇습니다.

이것이 바로 1일 3분 거래의 전부입니다. 회사의 주변 사람들은 제가 오후 2시 반만 되면 꼭 화장실을 가므로 이상하게 생각할지도 모릅니다. (하하)

그래도 저는 꿋꿋하게 이 일과를 지속하여 자산을 착실히 불렸습니다. 이 경험을 통해, 돈으로 돈을 버는 일이 얼마나 중요한지 깨달았습니다.

▶ 칼럼 – 수입의 형태

여러분은 수입의 형태를 확실히 구분할 수 있습니까?

이것은 우리의 인생에 매우 중요한 문제입니다. 형태가 다른 수입을 각각 추구함으로써 시간적, 경제적 자유를 획득한 사람의 인생과 그렇지 않은 사람의 인생 사이에는 큰 차이가 있습니다. '현금 흐름의 사분면'을 보며 좀더 자세히 설명하겠습니다.

이 현금 흐름의 사분면은 미국의 유명 투자가이자 사업가인 로버트 기요사키 씨가 자신의 저서 《부자 아빠 가난한 아빠》에서 소개한, 돈의 흐름을 네 가지로 구분하는 사고방식입니다.

E employee **봉급생활자**	B business owner **사업가**
S self–employed **자영업자/전문직**	I investor **투자가**

우리 중 대부분은 기업의 직원이거나 자영업자일 것입니다.

따라서 'E(봉급생활자)'나 'S(자영업자/전문직)'는 친숙하게 느껴집니다. 그러나 'B(사업가)'와 'I(투자가)'는 조금 낯설지도 모르겠습니다.

자영업자는 사업체를 만들어 스스로 회사를 운영하는 데 비해, 사업가는 우수한 인재에게 자신의 회사를 맡겨 운영하게 합니다. 또 '투자가'는 벤처 투자, 부동산 투자, 금융 시장 투자를 통해 돈이 돈을 낳는 시스템을 만듭니다.

오른쪽과 왼쪽을 비교해 보면, 'E(봉급생활자)'와 'S(자영업자/전문직)'는 스스로 일하여 수입을 버는 사람인 반면 'B(사업가)'와 'I(투자가)'는 자산이 수입을 벌게 만드는 사람인 것을 알수 있습니다.

주식 투자자는 자산이 수입을 벌게 만드는 'I(투자가)'에 해당합니다.

주식 투자자는 만에 하나 병이 들거나 사고를 당해 일을 전혀 하지 못하더라도 생활이 곤란해지지 않습니다. 스마트폰과 주식 운용 능력과 운용 자금만 있으면 어떤 상황에서든 소중한 가족을 지킬 수 있는 것입니다.

이 현금 흐름 사분면을 언제나 의식하며 수입의 종류를 스스로 선택할 수 있다는 것이 자본주의 사회에 태어난 우리의 최대의 특권입니다. 당신도 이 특권을 깨닫고 자산이 자산을 버는 시스템을 만들어야 합니다. 이 사분면을 배운 뒤 우리가 해야 할 가장 중요한 일은 '나는 어디에 속할 것인가'를 결정하는 것입니다. 이 기회에 자신이 지금 어디에 속해 있는지 돌아보고, 미래에는 어디에 속할 것인지 결정하시기 바랍니다.

전문 용어나 회사 사계보는 필요 없다!

막연하게 주식투자는 어려울 것 같다고 생각하는 사람이 많습니다. 전문 용어를 많이 알아야 하고 기업 분석도 필요하다고 생각하기 때문일 것입니다. 사실 전에는 저도 그랬습니다.

〈차트에 모든 답이 있다〉

저도 처음에는 봉차트가 뭔지, 이동평균선이 뭔지 몰랐

습니다. 제 주변에 주식으로 성공한 사람은 하나도 없고 오히려 손해 본 사람만 즐비했기 때문에 주식은 어렵다는 선입견이 있었던 것도 사실입니다. 그러나 실제로 도전해 보니, 상상했던 것과는 전혀 달랐습니다. 기업 결산서를 샅샅이 읽거나 시장 정보를 열심히 수집할 필요는 없었습니다. 결론부터 말씀드리자면 **'봉차트'**와 **'이동평균선'**으로 이루어진 차트만 열심히 보면 됩니다. 이 두 가지만 잘 알아 두면 주식투자에 성공할 수 있습니다. 과거 차트를 보면 종목별 특징이나 경향도 파악할 수 있습니다. 시험공부를 할 때 기출 문제나 모의시험 문제를 푸는 것처럼, 과거에서 힌트를 얻어 미래의 거래에 활용하면 되는 것입니다. 차트 형태를 보면 오늘 이후 주가가 오를지 내릴지가 예측되므로 투자를 경험해 보지 않은 저도 쉽게 도전할수 있었습니다. 학교에서 평균 성적밖에 받지 못한 저 같은 사람도 성과를 내고 있으니 누구나 훈련하면 충분한 성과를 낼 수 있습니다.

〈회사 사계보란〉

〈회사 사계보〉(도요(東洋)경제신보사 간)는 일본 증권거래소에 상장된 모든 기업의 최신 정보를 계절별로 제공하는 정보지입니다. 기업의 과거 실적, 주가뿐만 아니라 실제 취재를 바탕으로 한 예상 실적을 독자에게 제공합니다. 2016년에 창간 80주년을 지난 이 정보지는 지금까지도 기업 정보지 분야에서 1위를 차지하고 있습니다.

〈회사 사계보〉는 이름 그대로, 한 해에 4회(3월, 6월, 9월, 12월) 계간으로 발행됩니다. 호마다 약 50만 부씩 발행되며, 기업 정보지 분야에서 언제나 80%에 가까운 점유율을 유지하고 있습니다. 그 안에는 회사 재무 분석, 기업의 장래 전망 등이 압축적으로 담겨 있습니다.

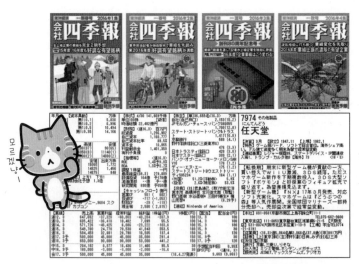

출처: 〈회사사계보〉(도요경제신보사)

이처럼 주식투자에 필요한 정보가 가득한 책이지만, 이것을 투자에 활용하려면 3천 개 이상의 종목 중 무엇이 유망할지 하나하나 분석해야 합니다. 이것은 매일 회사 일로 바쁜 여러분에게는 엄청나게 힘든 작업입니다. 게다가 기업의 정보는 시시각각 달라지니, 수시로 정보를 업데이트하려면 방대한 시간을 투입해야 할 것입니다.

초보자는 특히, 회사의 결산서나 사계보를 보고 실적이 양호해 보이는 회사의 주식을 사는 방식을 조심해야 합니다. 처음에 이 방식을 시도하는 사람이 많지만, 이것은 딱 잘라 말해 좋지 않습니다. 사는 것까지는 괜찮지만 언제 이익을 확정하겠다는 목표가 없으므로 최종적으로 좋은 결과를 내지 못할 가능성이 크기 때문입니다. 매수 후 매도할 때까지, 그리고 매도 후 다시 매수할 때까지의 모든 과정이 주식투자의 일부임을 인식하지 못한다면 승리하기 어렵습니다.

실제로 몇몇 종목을 들여다보면 금세 알겠지만 실적이 좋은 회사의 주가가 반드시 오르느냐 하면 결코 그렇지 않습니다. 반대로 실적이 나쁜 회사의 주가가 급상승하는 일은 종종 있습니다.

이런 이유에서 결산서나 사계보 정보만 보고 주식을 사지 말 것을 강력히 권합니다.

소액으로 시작할 수 있다

—— 복리로 10년에 1억 7,000만 엔 달성!

주식으로 성공한 사람은 보통 어떤 식으로 수익을 올렸을까요?

'한 방에 100만 엔을 벌었다!'
'사 놓은 주식이 20배로 뛰었다!'

보통은 이런 식일 거라고 상상하지 않나요? 하지만 이것은 오해입니다. 물론 아예 없는 일은 아니지만, 이런 '대박'은 결코 자주 터지지 않습니다.

상장사 전체의 주가가 하락했을 때 '기회가 왔다!'라며 소형주, 성장주를 사는 사람이 있습니다. 그런 주식이 나중에 주가가 10배로 뛰는 '10배주'가 된다는 것입니다. 그러나 이것은 위험한 투자입니다. 투자를 할 때는 반드시 시가 총액을 의식해야 합니다. 여기에 대해서는 3장에서 더 자세히 해설하겠습니다.

만약 전에 사 두었던 소형주나 성장주의 주가가 몇 배로 뛰었다고 말하는 사람이 있다면, 그는 아마 다음 셋 중 하나일 것입니다.

① 운 좋은 사람
② 미래에서 온 사람
③ 천재

여기에 해당하는 사람이라면 소형주나 성장주를 매수해도 됩니다. 하지만 그렇지 않다면 절대 사지 마십시오.

그렇다면 자산을 불리기 위해 가장 필요한 것은 무엇일까요? 주식투자에서는 현실과 사실을 직시하는 능력이 가장 중요합니다.

그렇다면 여기서 말하는 '현실과 사실'이란 과연 무엇일까요? 제가 찾아낸 답을 알려드리겠습니다.

'주식은 사는 사람이 많으면 오르고 파는 사람이 많으면 내린다.'

아주 간단하지요? 하지만 이 사실을 항상 인식하는 것이 무엇보다 중요합니다.

그리고 또 한 가지, 절대 잊어서는 안 될 사고방식이 있습니다.

'50만 엔을 한 달 만에 52.5만 엔으로 만들겠다.'
이런 마음가짐입니다.

즉, 자산을 매월 5%씩 늘리겠다는 생각으로 거래에 임해야 합니다.

목표는 월 5%
복리로 늘리기!

1억 7,000만 엔

9,700만 엔

410만 엔

280만 엔

50만 엔

| 현재 | 1년차 | 3년차 | 5년차 | 7년차 | 9년차 | 10년차 |

50만 엔으로 주식투자를 시작한 후 매월 5%의 수익을 남긴다면, 50만 엔은 10년 후에 얼마로 불어나 있을까요?

답은 '1억 7,000만 엔(17억 9,707만 원)'입니다. 매월 5% 씩 불리는 것은 생각보다 매우 큰 효과를 낳습니다. 이 사실을 결코 잊어서는 안 됩니다.

월수입 50만 엔을 달성하게 만든 실제 거래 실적 소개

개인 투자가의 90%가 손해를 본다는 말을 종종 듣는데, 그만큼 주식으로 수익을 내기가 어렵다는 뜻입니다. 여러분 주변에는 주식투자로 일시적인 수익이 아닌 안정적인 수익을 내는 사람이 몇 명이나 있습니까? 아마 꾸준히 수익을 내는 사람은 거의 없을 것입니다.

그래서 저도 주식투자를 도박이라고 생각했지만, 사실은 전혀 그렇지 않았습니다. 명확한 원칙을 갖고 거래를 하면 수익을 꾸준히 낼 수 있습니다.

저는 아무 경험도 없이 주식투자를 시작한 뒤, 본업인 회사 업무를 계속하면서 화장실 거래로 월 50만 엔의 이익을 올렸습니다. 그 비결이 무엇일까요? 저의 과거 거래 이력을 여기에 공개하겠습니다.

〈나의 첫 거래〉

야마시타 게이 씨가 "초보자는 첫 반년 동안 실전을 피하는 게 좋습니다"라고 했으므로 처음에는 퇴근하여 귀가한 뒤 동영상으로 그의 강의를 시청하는 데 전념했습니다. 저녁밥을 먹고 씻은 뒤 강의를 들었으므로, 언제나 늦은 밤까지 공부를 하게 되었습니다. 처음에는 무슨 말인지 전혀 알아듣지 못해 같은 영상을 몇 번이나 보았습니다. 회사 통근 시간이나 점심시간 등 시간이 날 때마다 영상을 시청했고, 그가 쓴 책도 몇 번이나 읽었습니다.

그랬더니 강의가 조금씩 귀에 들어오기 시작했습니다. 투자 기법과 사고방식도 조금씩 이해하게 되었습니다. 빨리 실전에 뛰어들고 싶었지만 꾹 참고 모의 투자 프로그램으로 계속 연습했습니다. 지금 생각하면 이 순서를 지키는 것이 정말로 중요합니다. 모의 투자를 하면 실제 돈을 투자하지 않고 가상으로 사거나 팔면서 수익이 나는지 안 나는지 실험해 볼 수 있습니다. 여기서 수익을 내지 못하면 당연히 실전에서도 실패합니다. 주식 거래 역시 스포츠 경기나 시험을 치를 때와 마찬가지로 실전을 치르기 전에 연습이 필요한 것입니다. 올바른 순서에 따라 연습을 거듭하다 보니, 모의 거래의 승률은 점점 올라갔고 자신감도 붙었습니다.

공부를 시작한 지 6개월쯤 지난 어느 날, 스마트폰의 증권 앱으로 차트를 들여다보다가 드디어 그동안 배운 기술을 써먹을 수 있을 듯한 종목을 발견했습니다. '이런 패턴이라면 내일 분명히 주가가 오를 거야!'라는 확신이 들어, 오후 2시 30분에 서둘러 화장실에 들어가 떨리는 손으로 매수 주문을 넣었습니다. 그날 밤 한숨도 자지 못한 것을 지금도 기억합니다. '내일 주가가 떨어지면 어떻게 하지?'라는 불안감 때문에 잠을 이룰 수 없었습니다.

〈첫 거래의 운명〉

결과부터 말하자면, 200주를 매수하여 8,573엔의 이익을 남겼습니다.

저는 이 작은 성공을 계기로 주식 세계에 빠져들었고 결국은 인생을 긍정적으로 변화시킬 수 있었습니다.

종목		거래		매각/결산 금액(비용)	취득/신규 연월일	취득/신규 금액	손익 금액/ 징수액 (지방세 포함)
약정일	수량	인도일					
4613 간사이 페인트		현물		236,530 (270)	18/07/20	232,600	+3,930
18/07/18	100주	18/07/23					
4613 간사이 페인트		현물		254,143 (257)	18/07/27	249,500	+4,643
18/07/26	100주	18/07/31					

이렇게 첫 거래에서 성공한 후, 진입할 만한 종목을 찾아내 화장실에 들어가 거래하는 것이 습관이 되었습니다. 그리고 진입한 종목들의 차트를 관찰하며 매매 규칙에 따라 이익을 확정하는 방식으로 자산을 착실히 불려 나갔습니다.

이렇게 작은 이익을 조금씩 쌓다 보니 월수입 50만 엔을 달성하게 된 것입니다.

평범한 회사원이 한 달에 50만 엔을 추가로 벌어들이기는 쉽지 않습니다. 50만 엔은 일반 기업의 과장이나 부장이 받는 월급과 비슷한 금액입니다. 당시 월급이 20만 엔 정도였던, 저에게 이 추가 수입은 엄청나게 컸습니다.

보유 증권	신용 공매	평가 손익	여력
일괄 ▼	평가 손익 합계		+106,252엔
명세 수 2	평가 손익률		+1.22%
종목 매매/보류 변제 기한	현재가 평균 공매 단가		평가 손익 평가 손익률 ›
7&iHD 3382 공매수/특정 6개월	8,444엔 8,549.88엔		+24,453엔 +1.33%
HOYA 7741 공매수/특정 6개월	8,444엔 8,549.88엔		+81,799엔 +1.20%

보유 증권	신용 공매		여력/평가
일괄 표시		개별 표시	
명세 수 1	평가 손익 합계		+167,161엔 5.15%
종목 매매/보류 변제 기한	현재가 평균 공매 단가		평가 손익 평가 손익률 ›
T&DHD 8795 공매도/특정 6개월	1,182엔 1,247.56엔		+167,161엔 5.15%

보유 증권	신용 공매	평가 손익	여력
일괄 ▼	평가 손익 합계		+10,878엔
명세 수 3	평가 손익률		+2.00%
종목 매매/보류 변제 기한	현재가 평균 공매 단가		평가 손익 평가 손익률 ›
다이니치스미토모 제약 4506 공매수/특정 6개월	1,840엔 1,832.00엔		+7,634엔 +0.42%
어드반테스트 6857 공매수/특정 6개월	5,310엔 5,170.00엔		+82,755엔 +2.67%
가와사키 중공업 7012 공매수/특정 6개월	2,565엔 2,508.07엔		+79,392엔 +2.23%

보유 증권	신용 공매		여력/평가
일괄 표시		개별 표시	
명세 수 2	평가 손익 합계		+19,507엔 +1.25%
종목 매매/보류 변제 기한	현재가 평균 공매 단가		평가 손익 평가 손익률 ›
스미토모 임업 1911 공매도/특정 6개월	1,466엔 1,429.00엔		+18,013엔 +26.5%
브리지스톤 5108 공매도/특정 6개월	4,212엔 4,202.00엔		+1,494엔 +0.18%

보유 증권	신용 공매	평가 손익	여력
일괄 ▼	평가 손익 합계		+37,337엔
명세 수 3	평가 손익률		+0.45%
종목 매매/보류 변제 기한	현재가 평균 공매 단가		평가 손익 평가 손익률 ›
닛케이 레버리지더블 1579 공매수/특정 6개월	17,890엔 17,600.00엔		+2,697엔 +1.53%
소니 FH 6728 공매수/특정 6개월	2,448엔 2,481.00엔		+82,755엔 +2.67%
NTT 9432 공매수/특정 6개월	4,946엔 4,920.31엔		+39,186엔 +0.48%

인도일 / 2019년 8월 1일~2019년 8월 20일		1~56건 / ↓CSV다운로드	
징수액 합계	–	손익 금액 합계	568,567	명세 수/56건
배당 소득세 징수액 합계	–	배당 금액 합계	–	명세 수/0건

양도소득세(알아보니, 일본에서는 '양도익세' 또는 '양도소득세'라고 부른다고 합니다. −역자)

〈코로나 사태로 주가가 폭락했을 때의 거래〉

2020년 '코로나 사태'로 주가가 폭락한 탓에 손해를 본 투자자가 많습니다. 특히 리먼 사태 이후 주식을 시작한 투자자에게는 올해의 폭락이 악몽이었을 것입니다.

코로나 사태는 1990년대 일본의 거품 붕괴나 2008년 리먼 사태와는 다릅니다. 이 둘은 금융의 위험 요인이 실제 경제에 영향을 미친 사건이었고 코로나는 아무도 경험한 적 없는 전염병 대유행 사태입니다. 그래서 시장 스스로도 어떻게 대처하면 좋을지 몰라 큰 혼란에 빠졌습니다. 신형 코로나 바이러스 감염증은 사람과 실물 경제의 활동을 멈추게 함으로써 시장에 이전에는 상상도 못했던 새로운 충격을 안겨주었습니다.

하지만 코로나 사태로 주가가 대폭 하락했을 때 손해를 본 사람만 있었던 것은 아닙니다. 오히려 이익을 본 사람도 있었습니다. 당시 제가 실제 거래했던 실적을 소개하겠습니다.

일괄 ▼	평가 손익 합계	+355,907엔
명세 수 2	평가 손익률	+4.04%
종목 매매/보류 변제 기한	현재가 평균 공매 단가	평가 손익 평가 손익률 ›
오지 HD 3861 공매도/특정 6개월	539엔 573.40엔	+171,050엔 +5.96%
라쿠텐 4755 공매도 6개월	958엔 989.00엔	+184,857엔 +3.11%

종목명 : 오지 홀딩스

증권 코드 : 3861

2020년 2월 21일 공매도, 2월 25일 이익 확정

종목명 : 라쿠텐

증권 코드 : 4755

2020년 2월 21일에 공매도, 2월 27일 이익 확정

또 저는 2020년 2월에 이어 3월에도 닛케이 평균지수가 하락할 것이라고 예상했습니다. 대신, 닛케이 평균 주가가 하락하면 반대로 닛케이 더블 인버스(주가 지수가 하락할 때 수익을 제공하는 상품을 '인버스'라 하며, 인버스의 두 배의 수익을 제공하는 상품을 '더블 인버스'라 한다. 국내 투자자들 사이의 속칭은 '곱버스'라고 함)라는 개별 종목이 오를 것이라고 판단하여 그 종목을 매수했습니다.

종목명 : 닛케이 더블 인버스

증권 코드 : 1357

2020년 3월 6일에 공매수, 3월 10일에 이익 확정

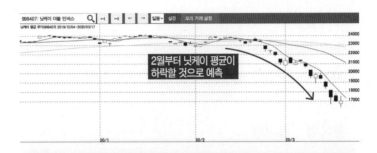

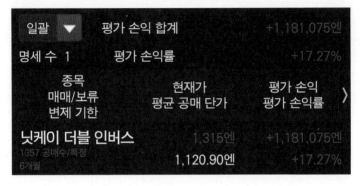

이 거래에 제가 쓴 시간은 약 5분에 불과합니다.

이처럼, 제대로 훈련하면 폭락 국면에서도 최소한의 시간을 투자하여 자산을 꾸준히 늘릴 수 있습니다. 여러분은 그저 이 책에서 소개하는 기법을 충실히 실천하기만 하면 됩니다.

직접 일해서 돈을 버는 것을 미덕으로 여기는 경향이

강하지만, 다른 아시아 국가나 서양 국가의 국민은 직접 일하는 것뿐만 아니라 자산이 돈을 벌게 하는 일에 관심이 많습니다. 초등학교, 중학교 때부터 금융 교육이 의무화되어 있을 정도입니다.

여러분도 직접 일하는 것보다 자산이 돈을 벌게 하는 것이 중요하다는 생각을 갖게 되기를 바랍니다. 그러면 경제적인 여유뿐만 아니라 시간적, 정신적 안정을 얻게 되어 인생이 더욱 풍요로워질 것입니다.

저 역시 주식을 알지 못했다면 결코 지금처럼 생활할 수 없었을 것입니다. 주식 소득으로 로스앤젤레스의 디즈니랜드에서 9일간 신혼여행을 즐길 수 있었고 롯폰기에 있는 회원제 레스토랑에서 아내와 식사할 수 있게 되었습니다. 2년 전에 비해 생활수준이 확 높아진 것입니다.

이런 제 경험은 여러분도 충분히 재현할 수 있습니다. 그렇게 하는 방법 또한 간단합니다. 기본적으로는 차트를 보고 정해진 규칙에 따라 매매하기만 하면 됩니다. 그러니 주식 거래의 첫걸음을 내디디려 하는 사람, 주식에 좀 더 능숙해지고 싶은 사람이 있다면 이 책을 끝까지 읽으며 제 주식 세계를 공유하기 바랍니다. 다음 장에서는 제 주식 스승이자 억대 트레이더인 야마시타 게이 씨가 가르쳐 준 '8가지 교훈'을 소개하겠습니다.

제 3 장

차트 안에 답이 있다!

——억대 트레이더에게서
배운 8가지 교훈

분위기 파악이 가장 중요하다!

투자 판단을 위한 분석 기법은 크게 '테크니컬 분석'과 '펀더멘털 분석'으로 나뉩니다. 두 가지 기법에 대한 의견은 다양하지만, 저는 어쨌든 둘 중 누구나 이해하기 쉬운 '테크니컬 분석'을 활용하여 주식을 운용하고 있습니다.

- 2008년 리먼 사태
- 2015년 중국 증시 폭락 사태
- 2020년 코로나 사태

이런 사태를 접할 때마다 '역시 주식은 무서워'라고 생각하는 사람이 많을 것입니다. 하지만 테크니컬 기법을 차근차근 잘 익히면 이런 폭락 국면에서도 수익을 얻을 수 있습니다.

여기서는 특별히, 제가 2020년 이후에 테크니컬 기법을 어떻게 활용했는지 돌아보겠습니다.

코로나 감염이 세계적으로 확대됨에 따라 2월 이후 모든 국가의 주가 지수가 크게 하락했습니다. 이루 말로 표현할 수 없을 만큼 어려운 상황이었습니다.

그러나 이런 대규모 폭락 국면에서도 이익을 얻는 사람들이 있었습니다.

상황이 심각했으므로 대비하지 못한 사람들은 적잖이 놀랐을 것입니다. 이런 사태가 일어났을 때는 '반응 속도'가 중요합니다. 하락 국면에서는 매수하지 않고, 예상과 반대되는 방향으로 주가가 움직였을 때는 재빨리 손절해야 합니다.

폭락이나 폭등은 어려운 국면처럼 보이지만 사실은 그렇지 않습니다. 1장에서 말했다시피 철저히 훈련한 사람은 이런 국면에서도 수익을 낼 수 있습니다. 이것은 경험에 비추어 자신 있게 말할 수 있는 사실입니다.

주식투자에 반드시 필요한 것이 두 가지 있습니다.

①운용 자금

②운용 능력

여기서는 ②운용 능력에 대해 생각해 봅시다. 운용이란 투자 판단을 반복하는 것을 말합니다. 그런데 이 투자 판단에서 가장 중요한 요소가 '방향성'입니다. 주가가 내일 오를지 내릴지를 판단하지 못하면 주식 거래의 첫걸음을 내디딜 수 없습니다.

이어 두 번째로 중요한 요소는 주가가 얼마나 움직이느냐 하는 '변동률'입니다.

주식 거래를 하는 사람은 반드시 변동률을 의식해야 합니다. 그렇지 않으면 출구가 없는 거래를 하게 됩니다.

그런데 펀더멘탈 분석 기법에서는 주식투자의 출구를 구체적으로 정의하지 않습니다. 그래서 저도 펀더멘탈 분석을 그다지 참고하지 않습니다. 입구와 출구가 명확히 정해져 있어야만 비로소 주식 거래가 완전해진다고 할 수 있습니다.

여러분도 입구와 출구를 항상 의식해야 합니다. 방향성

을 보아 입구(최초 매수)를 결정하고, 변동률을 보아 출구(이익 확정 또는 손절)를 결정해야 합니다. 이 두 가지를 의식하지 않으면 꾸준히 수익을 낼 수 없습니다.

여기서 팁을 한 가지 드리자면, 제가 주가 변동률을 볼 때 특별히 주목하는 숫자가 있습니다.

바로 '8%, 16%'입니다.

2020년 2월부터 닛케이 평균이 엄청난 속도로 하락한 것을 기억하시지요? 그 상황이 지금 똑같이 재현된다면 여러분은 주식을 어떻게 운용하시겠습니까? 함께 생각해 봅시다.

이런 큰 하락은 한 해에 몇 차례 일어납니다.

리먼 사태가 발발했던 2008년 9월에는 닛케이 평균이 13,000엔에서 16%씩 3회 하락하여 한때 7,000엔까지 떨어졌습니다.

그리고 코로나 사태가 터진 2020년 2월 6일에는 약 24,000엔에서 16% 하락하여 5일 정도 멈추었다가 다시 한

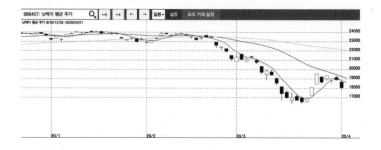

번 16% 하락했습니다.

테크니컬 분석에 기초하여 주식 거래를 하는 분은 이 '8%, 16%의 법칙'에 유념하여 닛케이 평균을 관찰해 보기 바랍니다. 폭락 국면에서 큰 손해를 보았다면 '다음에는 수익을 내자'라고 단순히 생각하기보다 '왜 손해를 보았을까? 어떻게 하면 수익을 낼까?'라고 궁리해야 합니다. 그래도 걱정할 필요는 없습니다. 테크니컬 분석을 제대로 공부하여 원칙에 따라 주식을 운용하면 꾸준히 수익을 낼 수 있기 때문입니다.

종목 선택도 중요하다!
── 도쿄증권 1부 대형주를 사자

주식 거래에는 국내 기업의 주식을 매매하는 국내 주식 거래와 외국 기업의 주식을 매매하는 해외 거래가 있습니다.

초보자는 국내 거래부터 시작하는 것이 좋습니다. 친숙한 기업이 많고 인터넷이나 TV, 신문, 잡지 등에서 다양한 정보를 모을 수 있기 때문입니다.

상장된 회사의 주식은 '증권거래소'에서 매매되며 증권회사는 그 매매를 대행합니다. 참고로 '상장'이란, 증권거래소가 매매해도 되는 종목이라고 인정하는 것을 말합니다. 일본의 증권거래소는 도쿄, 나고야, 후쿠오카, 삿포로에 있습니다.

그중 가장 규모가 큰 도쿄증권거래소(약칭: 도쿄증권)에 상장된 종목 수는 2020년 7월 1일 기준으로 3,717개입니다.

도쿄증권에는 네 곳의 주식 시장이 개설되어 있습니다. 도쿄증권 1부, 도쿄증권 2부, 마더스, 자스닥(JASDAQ)인데, 각각 성격이 다릅니다.

- 도쿄증권 1부는 대기업이나 중견 기업이 주로 상장되어 있으며, 해외 투자자도 많이 참여하는 세계 규모의 시장입니다.

- 도쿄증권 2부에는 중견 기업, 전통 있는 가족 기업이 주로 상장되어 있습니다.

- 마더스는 신흥 기업을 위한 시장입니다. 도쿄증권 1부에 진입하고 싶은 기업들의 등용문이기도 합니다.

- 자스닥은 이미 어느 정도 실적을 낸 신흥 기업을 위한 시장, 그리고 장래에 성장할 가능성이 높은 기업을 위한 시장으로 양분되어 있습니다.

이렇게 종류가 많다 보니 처음에는 어떤 종목을 선택해야 할지 모르겠다는 사람이 많습니다.

저는 종목을 선정할 때 기업의 '시가 총액'을 참고합니다. 시가란 시장에서 매긴 그날의 주가를 말하고, 시가 총액은 그 시가로 발행된 주식의 총금액을 말합니다.

초보인 여러분은 시가 총액이

'5,000억 엔 이상'인 종목

만 거래하는 것이 좋습니다.

앞으로 성장할 듯한 기업의 주식을 매수하는 사람이 많지만, 시가 총액이 낮은 소형주의 경우 하루 중 변동이 심하고 차트 형태가 무너지기 쉬워서 주가 변동을 예측하기 어렵습니다. 게다가 자산이 100억 엔이고 시가 총액이 80억 엔인 기업의 주식은 거래하고 싶어도 거래가 성립되지 않습니다. 그래서 시가 총액을 반드시 의식해야 합니다.

〈시가 총액 계산법〉

상장 기업의 시가 총액은 '주가×발행 완료 주식 수'입니다. 이 공식으로 기업의 가치를 나타내는 시가 총액을 산출할 수 있습니다.

순위	코드	시장	명칭	거래가		발행 완료 주식 수	시가 총액(백만 엔)	단위 주식 수	게시판
1	7203	도쿄증권 1부	도요타 자동차(주)	15:00	6,835	3,262,997,492	22,302,588	100	게시판
2	9984	도쿄증권 1부	소프트뱅크 그룹(주)	15:00	6,497	2,089,814,330	13,577,524	100	게시판
3	6861	도쿄증권 1부	(주)키엔스	15:00	45,850	243,207,684	11,151,072	100	게시판
4	6758	도쿄증권 1부	소니(주)	15:00	8,126	1,261,058,781	10,247,364	100	게시판
5	9432	도쿄증권 1부	니혼 전신전화(주)	15:00	2,580.5	3,900,788,940	10,065,986	100	게시판
6	9437	도쿄증권 1부	(주)NTT 도코모	15:00	2,985	3,228,629,406	9,637,459	100	게시판
7	4519	도쿄증권 1부	주가이 제약	15:00	5,424	1,679,057,667	9,107,209	100	게시판
8	9433	도쿄증권 1부	KDDI(주)	15:00	3,344	2,304,179,550	7,705,176	100	게시판
9	9434	도쿄증권 1부	소프트뱅크(주)	15:00	1,431.5	4,787,145,170	6,852,798	100	게시판
10	7974	도쿄증권 1부	닌텐도(주)	15:00	48,170	131,669,000	6,413,597	100	게시판

현재 일본의 시가 총액 1위는 도요타 자동차㈜입니다.

도요타 자동차㈜의 주가와 발행 완료 주식 수는 다음과 같습니다. (2020년 7월 15일 기준)

종목 : 도요타 자동차㈜

증권 코드 : 7203

주가 : 6,835엔

발행 완료 주식 수 : 3,262,997,492주

따라서 도요타 자동차㈜의 시가 총액은,

주가 6,835엔 × 발행 완료 주식 수 3,262,997,492 = 22조 3,025억 엔입니다.

시가 총액이 기준 금액인 5,000억 엔을 넘었으므로 이

기업의 주식은 거래 대상이 됩니다. 이렇게 규모가 크고 안정된 기업의 주식을 거래하기 위해, 주식을 매수할 때 시가 총액을 꼭 확인하기 바랍니다.

교훈-3
절대 거래하면 안 되는 날은?

주식으로 돈을 벌려면 '유망한 기업'의 주식을 사야 합니다. 하지만 '유망한 기업'인지 아닌지 판단하기 위해 '기업 실적'을 확인해야 한다고 생각하는 사람이 있다면 그 생각을 즉시 버리기 바랍니다. 기업 결산이 우수해도 주가가 오르지 않는 경우가 많기 때문입니다.

기업 결산 보고서에는 그 기업의 경영 상황이 요약되어 있습니다. 경영에 든 비용, 경영으로 얻은 이익, 그 외 손실 등의 재무 상황을 상세히 정리한 것이 '결산 보고서'입니다. 즉, 기업의 건강 진단 결과서와 같다고 생각하면 됩니다.

결산에는 몇 가지 종류가 있는데, 제각각 발표 시기가 다릅니다.

• 연도 결산

한 해에 한 번 발표합니다. 결산월은 회사마다 다르지만 은행 등 금융 기관의 경우 3월 말에 결산하는 것으로 정해져 있습니다.[1]

• 분기 결산

분기 결산이란 1년을 4개월씩 넷으로 쪼개어 결산하는 것을 말합니다. 3월에 연도 결산을 하는 기업이라면 4~6월이 1분기, 7~9월이 2분기, 10~12월이 4분기, 1~3월이 4분기가 됩니다.

그런데 주식 투자자는 기업의 결산 즈음하여 주의할 점이 있습니다. 결산 발표 후에 주가의 방향성을 예측하기

---

[1] 일본의 기업은 1월 1일~12월 31일, 정부 및 금융 기관은 4월 1일~3월 31일이 한 회계연도로 정해져 있다. 우리나라는 전부 1월 1일~12월 31일이다.

어려우므로 **설사 손해가 나더라도 결산 발표일 2~3일 전에 보유한 주식을 정리해야 한다는 것입니다.** 결산일을 그대로 넘기는 것은 도박에 가까운 일입니다.

소프트뱅크 그룹(9984)을 예로 들어 보겠습니다. (2019년 11월~2020년 2월)

소프트뱅크 그룹의 2019년 7~9월 연결 결산 보고서에는 최종 손익이 7,001억 엔 적자(전년 동기는 5,264억 엔의 흑자였음)로 기록되었습니다. 소프트뱅크 사상 최악의 분기 적자였고 중간 분기로써는 15년 만에 최초의 적자였습니다.

이렇게 큰 적자가 난 것은 소프트뱅크가 투자한 기업 중 사무실 공유 서비스 '위워크'를 운영하는 미국 기업 위컴퍼니, 그리고 배차 서비스를 제공하는 기업인 '우버 테크놀로지'의 주가가 하락했기 때문입니다.

그 결과 소프트뱅크가 최근에 확대했던 투자 사업에서 9,702억 엔이라는 큰 손실이 발생했습니다.

이 발표 이후 모두들 소프트뱅크 그룹의 주가가 하락할

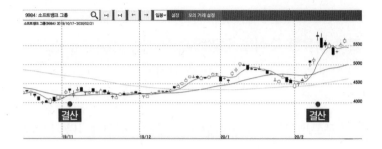

것이라고 예측했지만 실제 결과는 반대였습니다. 결산 내용이 좋지 않았는데도 주가가 올라간 것입니다.

뒤이어 2020년 2월에 발표된 2019년 10~12월 소프트뱅크 연결 결산(국제 회계 기준) 보고서에서는 순이익이 전년 동기 대비 92% 감소한 550억 엔으로 나타났습니다. 위컴퍼니를 비롯한 주력 투자 사업의 손실이 컸던 탓에 최종 순익은 약 7,000억 엔의 적자를 기록했습니다.

같은 날 발표된 4~12월의 순이익 역시 전년보다 69% 감소한 4,765억 엔이었습니다. 그러나 보고일 다음 날, 주가가 하락할 것이라는 대다수의 예상을 뒤엎고 주가가 약 10% 이상 올랐습니다.

교훈-4
배당이나 선물을 기대하지 말자!

일본에는 '주주 우대제'라는 다른 나라에서 찾아볼 수 없는 제도가 있습니다. 상장 기업이 주주에게 감사를 표시하며 선물을 하는 제도입니다.

원래 주주에게는 배당금을 지불하여 이익을 돌려주는 것이 원칙입니다. 그러나 일본의 많은 개인 주주가 배당금보다 선물을 더 좋아하는 경향이 있어서 주주 우대제가 유지되고 있습니다. 소매, 외식, 식품 기업의 경우 개인 주주가 곧 고객(회사 제품 구입자)이므로 홍보 활동의 일환으로 자사 제품을 주주에게 선물로 보내는 데 적극적입니다.

주주 우대제는 매우 매력적인 제도지만, 투자자라면 여기에 휩쓸리지 않는 것이 좋습니다.

우선 주식으로 얻는 이익에는 두 종류가 있습니다.

①배당금, 주주 우대 선물
②주가 차익

저는 둘 중 주가 차익을 항상 우선 합니다.

배당금과 선물을 바라고 주식을 사면 안 되는 이유를 구체적인 차트를 보며 해설하겠습니다.

배당금과 선물로 인기를 끄는 기업 중 하나가 일본담배산업(JT)입니다.

JT는 주주에게 적극적으로 이익을 배분하는 기업으로, 2019년 12월까지 16분기 연속으로 배당금을 늘려 왔습니다. 자사주 매입[2]도 적극적으로 실시하여 주주를 보고하고 있습니다. 하지만 차트를 살펴보면 이야기가 달라집니다.

---

2) 기업이 시장에 유통되고 있는 자사의 주식을 자기 자금으로 사들이는 것을 말한다. 일반적으로 자사의 주가가 불안정하거나 하락한 경우에 시장에서 유통되는 주식수를 감소시켜 주가를 상승시키기 위해 실시된다. 적대적 인수합병에 대비하여 경영권을 보호하는 수단으로 이용되기도 한다.

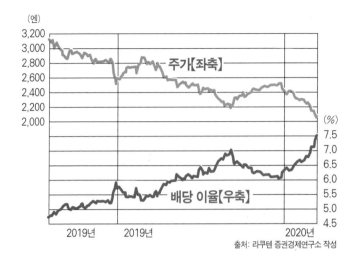

출처: 라쿠텐 증권경제연구소 작성

주가가 1년 반 동안 계속 떨어지고 있습니다. 배당률은 올랐지만 주가가 계속 하락했으므로, 당시 이 주식을 3,200엔에 샀던 사람이 2,000엔이 될 때까지 보유했다고 하면 약 37.5%나 손해를 본 셈입니다.

100만 엔을 투입해서 37.5만 엔을 잃은 것입니다.

이 손실을 계속 견딜 사람이 있을까요?

심지어 주가가 지금보다 더 떨어질 가능성도 있습니다. 설사 오래 기다려 주가가 회복된다 해도, 그동안 그 돈이 묶여 있게 되므로 다른 투자 기회를 모조리 놓치게 됩니다.

주주 우대제는 기업에게도 양날의 검입니다. '(1) 주주 충성도 향상(팬 만들기), (2) 안정된 주주 확보, (3) 주주 수 증가 또는 유지'라는 효과를 기대할 수 있는 반면 그에 상응하는 비용도 지불해야 하기 때문입니다.

또 주식을 대량으로 보유한다고 해서 대량의 선물을 받을 수 있는 것이 아니므로 주주 우대제를 기대하는 주주는 소액 주주(혹은 우대를 받을 수 있는 최소한의 주식만을 보유한 주주)가 되기 쉽습니다. 반면 선물 전달에 드는 비용과 운송비 등은 주주 수에 따라 점점 늘어납니다.

최근에 '노후 자금으로 연금 외에 2,000만 엔이 필요하다'라는 뉴스가 큰 반향을 일으켰습니다. 또 iDeCo(이데코: 개인형 확정 거출 연금),[3] NISA(니사: 소액 투자 비과세 제도)[4] 등 노후를 위한 비과세 상품의 개정 사항을 정리한 '2020년 세제 개정 대강'이 발표되기도 했습니다. 이처럼 노후 자금 마련에 대한 관심이 높은 가운데, 현재와

---

3) 개인형 퇴직 연금. 60세 이후에 노후 자산으로 투자금과 수익을 돌려받는 비과세 증권 상품이다.
4) 정부가 인정하는 비과세 펀드. 주식투자를 꺼리는 일본인들을 위해 정부가 마련한 상품 중 하나다.

같은 주주 우대제는 장기적 자산 형성에 도움이 되지 않는다는 점도 고려해야 합니다.

그러므로 여러분도 앞으로는 주식 운용 능력을 길러 매매 차익으로 수익을 올리는 데 집중하는 것이 좋습니다.

교훈-5

닛케이 신문, 회사 사계보를 읽고는 수익을 낼 수 없다!

차트를 보고 매매 시점을 판단하는 테크니컬 분석과 대조되는 기법이 '펀더멘탈 분석'입니다.

대략 설명하자면 펀더멘탈 분석은 기업의 본질적 가치에 주목하는 분석 기법이라 할 수 있습니다.

한편 시시각각 변동하는 주가와 봉차트, 이동평균선 등 투자자들의 행동 패턴에 주목하는 분석 기법이 테크니컬 분석입니다.

주가는 투자자들의 의사결정에 따라 정해지므로, 주가와 거래량을 기록한 차트란 다시 말해 투자자들의 의사결정의 흔적인 셈입니다.

그래서 차트를 분석하면 투자자들이 현재 상황을 '과매수'로 판단하는지, 혹은 '과매도'로 판단하는지 어느 정도 알 수 있습니다. 이처럼 차트를 보며 미래의 주가를 예측하여 효과적인 매매 시점을 고르는 것이 테크니컬 분석 기법입니다.

〈테크니컬 분석의 장점〉

테크니컬 분석으로 단기 시세를 판단하는 방식에는 다음과 같은 이점이 있습니다.

• **매매 시점을 시각적으로 판단할 수 있다.**

어떤 종목의 주가 동향을 시각적으로 확인하기 위해서는 차트가 효과적입니다.

주가 차트는 주가의 변동 이력을 그래프로 보여줍니다.

이동평균선 외에도 볼린저 밴드[5], MACD[6] 등의 보조 지표로 주가의 이력과 추세를 표시할 수 있습니다. 이런 지표를 활용하여 상황을 시각적으로 판단할 수 있다는 것이 테크니컬 분석의 가장 큰 이점입니다.

- **차트만 보고도 주가 동향을 분석할 수 있다.**

테크니컬 분석에서는 차트 외의 다른 자료를 동원하여 주가 동향을 분석하지 않습니다. 즉 주가 차트만으로 분석을 완료합니다. 그래서 비교적 어렵지 않게 시세를 판단할 수 있습니다.

- **경제에 관한 지식이 없어도 주가를 분석하고 예측할 수 있다.**

주가 동향을 보여주는 주가 차트와 기본적인 분석 기법

---

5) 주가의 상한선과 하한선을 이동평균선 위아래에 표시한 것.
6) 주가의 단기 이동평균선과 장기 이동평균선의 수렴과 확산을 나타내는 보조 지표.

만 알면 시세를 예측할 수 있습니다. 해외 및 국내 경제 상황에 관한 지식을 분석 결과에 반영시킬 수도 있지만, 별다른 지식이 없어도 테크니컬 분석은 가능합니다.

• 분석력이 향상되면 시세 예측의 정확도도 높아진다.

테크니컬 분석에 기초하여 차트를 연구하다 보면 분석력이 저절로 향상됩니다. 그러면 향후 시세 예측의 정확도도 향상됩니다.

〈테크니컬 분석의 단점〉
• 분석 결과가 절대적이지 않다.

보편적인 결론부터 말하자면, 주식 시세를 완벽히 예측하는 방법은 없습니다. 게다가 큰 자금을 동원할 수 있는 기관 투자가 등이 일부러 신호가 될 만한 매매를 한 다음 그 반대 행동을 취하여 이익을 쓸어가기도 합니다. 이것을 '작전'이라고 하는데, 개인 투자자는 그 신호에 따라 행동하다가 손해를 보기 쉽습니다. 그러므로 분석한 예측과는 다른 결과가 나왔을 때 적절한 시기에 손절하지 않으면 손실이 확대될 수 있습니다. 그렇다고 너무 두려워할 필요는 없습니다. 미리 정해 둔 규칙에 따라 거래하면 큰 손실을 당하지 않으니까요.

- **돌발적인 상황에 대응할 수 없다.**

주가는 돌발적인 사건이나 뉴스에 따른 정치, 경제 환경 변화에 큰 영향을 받습니다. 그런 경우에는 시세가 평소와는 전혀 다르게 움직이므로, 어떤 상황에서든 차분히 대응할 수 있도록 미리 대비하는 것이 중요합니다.

반면 '펀더멘탈 분석'이란 기업의 재무 상황과 실적에 기초하여 '기업의 본질적 가치' '현 주가와 시장 가격의 격차'를 분석하는 방법을 말합니다.

⟨펀더멘탈 분석의 장점⟩
- **단기적인 가격 변동과 추세에 매달리지 않아도 된다.**

펀더멘탈 분석은 장기 투자자에게 적합한 분석 기법입니다. 설사 주가가 단기적으로 하락하더라도 상승할 때까지 기다릴 수만 있다면 아무 문제없습니다. 단기 투자자처럼 신속히 손절하지 않아도 되므로 마음의 여유를 갖고 상황을 지켜볼 수 있습니다.

- **장기 투자로 큰 이익을 올릴 수 있다.**

시장 상황과 기업의 장래성 등을 참고하여 주가 동향을 분석할 수 있습니다. 펀더멘탈 분석에 따라 신규로 상장한 기업에 관심이 가서 주식을 구입해 두었더니 몇 년 후 주가가 크게 상승했다고 말하는 사람도 많습니다.

〈펀더멘탈 분석의 단점〉

- **전문 투자자와의 정보 격차가 크다.**

테크니컬 분석의 이점을 이야기할 때 언급했듯이, 기업의 재무 상황 등 정보를 획득하는 일에는 개인 투자자가 기관 투자자보다 훨씬 불리합니다. 기관 투자자의 정보 수집 능력은 비교할 수 없이 강력하기 때문입니다. 그래서 개인 투자자는 정보를 늦게 접하는 탓에 비싼 종목을 저렴하다고 착각하여 구입하게 되고 결국은 투자에 실패하기 쉽습니다.

- **분석 결과를 내고 이익을 확정하는 데, 시간이 걸린**

다.

펀더멘탈 분석은 장기 투자에 적합합니다. 이것은 시세를 예측하여 이익이나 손실 등의 결과를 얻기까지 상당한 시간이 걸린다는 뜻이기도 합니다. 게다가 예측이 맞지 않을 가능성도 있으므로, 이 기법은 어느 정도 주식투자 경험이 쌓인 사람에게 적합하다고 할 수 있습니다.

〈정리〉

테크니컬 분석과 펀더멘탈 분석에는 각각의 특징과 장단점이 있습니다. 그러므로 어느 쪽이 좋다고 단언할 수 없으므로 둘 중 한가지 기법에 전적으로 의존하는 것은 위험합니다. 두 기법을 혼용하여 장점을 살리는 것이 좋습니다.

저는 펀더멘탈 분석을 할 때 정치적 환경을 특히 중시합니다. 국가 정책이 주가에 큰 영향을 미치기 때문입니다. 전 정권이 금융 정책을 대폭 완화하여 주가를 올리려 했기 때문에 한동안 주가가 계속 상향했지만, 원래 주가는 오르내리기를 반복합니다. 그래서 테크니컬 분석이 필요합니다. 설사 정책적 요인으로 계속 상승하더라도 일시

적으로는 하락할 수 있으니 균형 감각을 잃지 않고 시시
때때로 적절한 판단을 내려야 합니다.

이것만 알아 두면 기회가
두 배로 늘어난다!

　주식투자는 주식을 싸게 사서 비싸게 팔아 수익을 남기
는 일이라고 생각하는 사람이 많습니다. 하지만 거기에만
머무른다면 주가가 올라야만 수익을 얻을 수 있습니다.

　그러나 주가는 오르락내리락하며 변동을 거듭합니다.
크게 오르기도 하고 크게 내리기도 하는 것입니다.

　특히 코로나 사태나 그리스의 파산 같은 'OOO사태'가
발발하여 주가가 폭락했다는 뉴스를 종종 접하게 됩니다.

　주가는 당연히 하락할 수 있습니다. 그래서 대부분의
주식 투자자가 자신이 산 주식 가격이 내리지 않기를 바
라며 'OOO사태? 그런 일이 있으면 안 되지!'라고 생각합
니다.

하지만 폭락 사태 역시 피할 수 없는 현실입니다. 일단은 그런 일이 일어날 수 있다는 전제로 대책을 마련한 후에 거래를 시작해야 합니다.

하락 국면에서도 수익을 내려면 어떻게 해야 할까요? 간단합니다. '공매도'를 배우면 됩니다. 공매도란 말 그대로, 주식이 없는 상태에서 가상 주식을 팔았다가 가격이 내려가면 다시 사들이는 매매 방식을 말합니다. 이 방식을 활용하면 주가가 떨어졌을 때도 수익을 낼 수 있습니다. 초보자는 이 개념을 이해하기 어려울지도 모르겠습니다. 저도 그랬습니다.

어째서 주가가 떨어지는데 수익이 날까요? 공매를 좀더 자세히 설명하겠습니다.

①증권회사에서 주식을 빌린다.

그런 제도가 있습니다. 여기서는 '빌려준다'는 점이 중요합니다.

②빌린 주식을 시장에 판다.

③공매도가 약정된다. (시장에 판 상태가 된다.)

만약 도요타 주식을 6,000엔에 공매도했다고 합시다. 거래 단위는 100주이므로 주식을 팔면 60만 엔(6,000엔×100주)이 들어올 것입니다. (단, 이것은 계좌에만 존재하는 금액으로, 실제 돈이 들어오는 것은 아닙니다.)

④주가가 하락한다.

주가가 4일 후에 5,500엔으로 떨어졌습니다. 500엔이 감소했으므로 이 시점에 매수하면 차액이 500엔×100주=5만 엔이 됩니다.

⑤주식을 다시 사서 증권회사에 돌려준다.

주가가 떨어졌으므로 매수합니다. 시장에서 도요타 주식을 다시 사들이는 것입니다. 현재 잔고는 ③에서 매도한 이후 60만 엔을 유지하고 있습니다. 그런데 현재 주가가 5,500엔이므로 100주를 매수하는 데 든 금액은 55만 엔(5,500엔×100주)입니다.

그러면 잔고가 얼마가 될까요? 60만 엔 중 55만 엔을 지불했으니, 60만−55만=5만 엔입니다.

이 5만 엔이 당신의 수익으로 계좌에 들어옵니다. 어떻습니까? 주가가 떨어졌을 때 수익을 얻는 구조를 이해하셨나요? 주식 시장에 이런 제도가 있으니 잘 활용해 보기 바랍니다.

공매도가 무섭다는 사람이 꽤 많은데, 저는 이 제도를 활용하지 않는 투자자가 더 무섭다고 생각합니다. 공매도가 안전하다는 이야기는 아닙니다. 주식 투자자들끼리 하는 말 중에 '살 때는 집까지, 팔 때는 목숨까지'라는 것이 있는데, 주가 하락에는 바닥이 있지만 상승에는 천장이 없다는 뜻입니다. 즉 매입 손실은 집을 잃는 정도로 끝나지만 매도 손실은 자칫하면 목숨까지 빼앗아 간다는 이야기입니다.

그러나 진짜 문제가 어디에 있는지를 잘 생각해야 합니다. 문제는 거래 당사자에게 있지 않습니까? 반면 공매도를 잘 익혀 두면 유사시에 강력한 무기로 활용할 수 있습니다. 무서워서 공매도를 피하는 사람은 주가가 하락할 때 아무 대책이 없으므로 최악의 경우 큰 금액의 절임주를 떠안게 될 것입니다.

제 주변에도 공매도에 관심은 있지만 막연한 두려움 때

문에 도전하지 못하는 개인 투자가가 많습니다.

확실히 공매도는 익숙해지기 전에는 저항감이 느껴지는 방식입니다. 그래도 첫걸음을 내딛지 않으면 아무것도 변하지 않습니다. 사람들이 공매도에 실패하는 것은 익숙해지기도 전에 큰 금액을 투입하기 때문입니다.

하지만 소액에서부터 시작하면 설사 실패해도 손실을 최소한으로 줄일 수 있습니다. 그러니 처음에는 소액으로 공매도를 경험할 것을 추천합니다. 그리고 금액을 조금씩 늘려 봅시다. 실제 돈이 들지 않는 모의 거래를 체험하는 것도 좋습니다.

공매도를 잘 익히면 상승 국면에서뿐만 아니라 하락 국면에서도 수익을 낼 수 있습니다. 당연히 무기는 많을수록 좋은 법입니다. 올바른 방식을 배우기만 하면 공매도를 두려워할 필요가 전혀 없습니다. 열심히 연습해서 도전해 봅시다.

교훈-7
리먼 사태도 코로나 사태도 두렵지 않다!

〈절임주에 발목을 잡히지 않으려면〉

절임이란, 채소나 고기, 생선 등을 소금에 절여 장기 보존하는 조리법을 말합니다.

그런데 일본의 투자자들은 매수한 주식의 가격이 떨어져 팔고 싶어도 팔지 못하게 된 것을 '절임주'라고 말합니다. 절임주는 언제 맛있게 익는지(언제 매입가로 주가가 회복되는지) 아무도 모르는 데다, 어쩌면 영영 먹지 못하게 될지도 모르는 주식입니다.

주식 거래를 하면서 매일 수익을 낸다면 더 바랄 것이 없겠지만 유감스럽게도 그런 일은 일어나지 않습니다. 투자 경험이 많은 사람도 손해를 봅니다. 그래도 예상이 빗나갔을 때 신속히 손절하면 손실을 최소한으로 줄일 수 있습니다. 반면 조금만 더 기다리면 주가가 오를 것 같다며 버티다 보면 주가가 계속 '찔끔찔끔' 내려가 절임주가 되어 버리기 쉽습니다. 그런 사태를 피하려면 재빠른 손절이 무엇보다 중요합니다.

매수한 주식의 주가가 떨어졌을 때 '장기적인 성장을 노리고 샀으니 괜찮다'라거나 '배당금을 받으려고 산 것이라서 상관없다'라며, 실패를 인정하지 않으려는 사람이 있습니다. 물론 장기적인 성장이나 배당금을 생각하고 '장기 보유주'로 산 주식의 가격이 하락하는 경우가 있습니다. 만약 매수한 목적을 충분히 달성하고 있거나 사전에 상정했던 범위 내에서 가격이 움직이고 있다면 아직 실패로 단정하기는 이를지도 모릅니다. 또 머잖아 주가가 회복되어 이익을 낼 수도 있습니다.

그러나 원래 계획했던 시점에 이익을 내지 못하고 다른 시점에 이익을 냈다면 그것은 우연히 실패를 피한 것일 뿐, '실패'와 크게 다르지 않습니다. 실제로는 주가가 영영 회복되지 않거나 최소한 몇 달, 몇 년 후에 회복되므로, 손실이 조금씩 확대되어 점점 더 팔지 못하게 되는 악순환에 빠지는 경우가 대부분입니다.

〈절임주의 해악〉
- **절임주는 자금 효율을 악화한다.**

절임주의 가장 큰 해악은 그것이 투자 자금까지 푹 절여 버린다는 것입니다. 투자 자금이 무한하다면 괜찮겠지만 실제로 그런 경우는 없습니다. 만약 투자 자금이 100만 엔인데 그중 50만 엔으로 샀던 주식이 절임주가 되어 버리면 여력이 50만 엔밖에 남지 않게 됩니다. 투자 자금이 50만 엔이었다면 더는 아무것도 할 수 없습니다. 하지만 이렇게 손발이 묶여 있는 동안에도 시세는 움직입니다. 그래서 절호의 기회가 찾아오더라도 자금이 없는 사람은 눈앞에서 기회를 놓칠 수밖에 없습니다. 이처럼 절임주는 자금 효율을 악화하여 투자금뿐만 아니라 기회까지 잃게 만든다는 사실을 기억하기 바랍니다.

• 절임주는 정신적 스트레스의 원인이 된다.

절임주는 자금 효율을 악화할 뿐만 아니라 정신적 스트레스의 원인이 됩니다. 등락을 반복하면서도 언제까지나 매입가를 회복하지 못하는 절임주는 손실이 더 커질 수 있다는 불안감을 안겨줍니다. 투자자는 그 종목의 차트를 볼 때마다 기분이 우울해질 것입니다. 이런 정신적 스트레스와 어떻게든 만회해야겠다는 생각이 투자 행동 전반에 영향을 미치는 탓에 냉정한 판단이 아예 불가능해질 위험

성도 있습니다.

〈반드시 출구를 정한다〉

그러므로 투자하기 전에 출구를 정해 두는 것이 매우 중요합니다. '이 수준에 도달하면 주식을 정리하여 이익이나 손실을 확정하겠다'라는 명확한 규칙을 미리 만들어 놓아야 합니다. 3장에서 '결산을 넘기지 말아야 한다'라고 설명했는데, 사실은 이 규칙만 준수해도 절임 상태에 빠지지 않을 수 있습니다.

(보충)

~절임주를 떠안고 버티는 사람의 심리~

여기서 심리 테스트를 해 봅시다. 당신은 다음 두 가지 중 무엇을 선택하겠습니까?

①100%의 확률로 50만 엔을 잃는다.
②50%의 확률로 100만 엔을 잃거나 아무것도 잃지 않는다.

사실 두 선택의 결과는 마이너스 50만 엔으로 동일합니다. (같은 선택을 100회 반복하더라도 이론적으로는 50만 엔을 잃는 결과가 나옵니다.) 그러나 대부분의 사람은 둘 중 ②를 선택합니다. 심리학자들은 이 실험에 기초하여 '사람은 무의식적으로 확실한 손실을 피하려 하는 경향이 있다'라는 결론을 내렸습니다.

이 질문을 받은 사람은 이런 심리적 변화를 경험했을 것입니다.

①100%의 확률로 50만 엔을 잃는다.

(확실히 50만 엔을 잃는 선택이니 거부한다.)

②50%의 확률로 100만 엔을 잃거나 아무것도 잃지 않는다.

(아무것도 잃지 않을 가능성에 주목하고 100만 엔을 잃을 가능성은 외면한다.)

사람의 이런 경향을 설명하는 심리학 이론이 바로 '프로스펙트 이론'입니다.

이 이론과 함께 여러분께 소개하고 싶은 것이 '발사라의 파산 확률표'입니다.

'주식 거래를 하고 있지만 처음 들어봤다'라는 사람은 이번 기회에 잘 배워두면 좋겠습니다.

여기에 주식투자뿐만 아니라 다양한 투자에 반드시 필요한 사고방식이 담겨 있기 때문입니다.

'발사라의 파산 확률표'란 나우저 발사라(Balsara, Nauzer J)라는 수학자가 고안한 표로, 한 기업의 거래 규칙의 안전성과 기대치를 나타냅니다. 얼핏 어려워 보이지만 실제 규칙은 아주 단순하고 간단합니다.

이 표의 구성 요소는 다음 세 가지입니다.

- 승률
- 손익률
- 리스크에 노출된 자금의 비율

이 세 가지만 있으면 어떤 종목을 계속 운용했을 때 파산할 확률을 산출할 수 있습니다.

여기서 '승률'이란 수익을 낸 거래의 비율입니다.

승률(%)=수익 거래 수÷총 거래 수×100

(예) 거래 성적이 10승 4패라면 승률=10÷14×100=71.4%

손익률	승률(%)									
	10	20	30	40	50	60	70	80	90	100
0.2	100	100	100	100	100	100	98.0	72.2	5.8	0
0.4	100	100	100	100	99.9	95	58.7	6.5	0	0
0.6	100	100	100	99.9	96.1	64.1	12.4	0.1	0	0
0.8	100	100	100	98.8	78.4	26.1	1.3	0	0	0
1	100	100	99.9	92.6	50	7.4	0	0	0	0
1.2	100	100	99.1	78.4	26	1.8	0	0	0	0
1.4	100	100	96.4	59.5	11.9	0.4	0	0	0	0
1.6	100	99.9	90.4	41.2	5.1	0.1	0	0	0	0
1.8	100	99.7	91.1	26.8	2.2	0	0	0	0	0
2	100	99.1	69.6	16.8	0.9	0	0	0	0	0
2.2	100	97.7	57.6	10.3	0.4	0	0	0	0	0
2.4	100	95.2	46.4	6.3	0.2	0	0	0	0	0
2.6	100	91.5	36.6	3.9	0.1	0	0	0	0	0
2.8	100	86.8	28.5	2.4	0	0	0	0	0	0
3	100	87.2	22	1.5	0	0	0	0	0	0

그리고 '손익률(리스크 리워드)'이란 수익 거래의 이익액과 손실 거래의 손실액의 배율입니다.

손익률(배)=거래 평균 이익액÷거래 평균 손실액

(예) 평균 이익액이 3,000엔이고 평균 손실액이 2,000엔이라면 손실률은 3,000엔÷2,000엔=1.5배

마지막으로 '리스크에 노출된 자금의 비율'이란 1회의 거래에서 계좌 자금의 몇 %까지의 손실을 허용하느냐를 나타내는 지표로 계산식은 다음과 같습니다.

리스크에 노출되는 자금 비율(%)=1회 거래의 허용 손실액÷계좌 자금×100

(예) 계좌 자금이 100만 엔이고 1회 거래의 허용 손실

		승률(%)						Ⓐ			
		10	20	30	40	50	60	70	80	90	100
	0.2	100	100	100	100	100	100	98.0	72.2	5.8	0
	0.4	100	100	100	100	99.9	95	58.7	6.5	0	0
	0.6	100	100	100	99.9	96.1	64.1	12.4	0.1	0	0
	0.8	100	100	100	98.8	78.4	26.1	1.3	0	0	0
	1	100	100	99.9	92.6	50	7.4	0	0	0	0
	1.2	100	100	99.1	78.4	26	1.8	0	0	0	0
손익률 Ⓑ	1.4	100	100	96.4	59.5	11.9	0.4	0	0	0	0
	1.6	100	99.9	90.4	41.2	5.1	0.1	0	0	0	0
	1.8	100	99.7	91.1	26.8	2.2	0	0	0	0	0
	2	100	99.1	69.6	16.8	0.9	0	0	0	0	0
	2.2	100	97.7	57.6	10.3	0.4	0	0	0	0	0
	2.4	100	95.2	46.4	6.3	0.2	0	0	0	0	0
	2.6	100	91.5	36.6	3.9	0.1	0	0	0	0	0
	2.8	100	86.8	28.5	2.4	0	0	0	0	0	0
	3	100	87.2	22	1.5	0	0	0	0	0	0

액이 2만 엔일 경우, 리스크에 노출된 자금의 비율=2만÷100만×100=2%

리스크에 노출되는 자금의 비율이 2% 이하여야 안전한 거래라고 합니다. 이 비율을 너무 높이면 몇 번의 손실만으로 투자 자금 전부를 잃게 되니 각별히 주의할 필요가 있습니다.

앞에서 예로 든 수치에 기초하여 계산한 승률과 손익률은 다음과 같습니다.

ⓐ승률 : 71.4%

ⓑ손익률 : 1.5배

위 '발사라의 파산 확률표'에 따르면, 이 경우의 파산 확률은 0%입니다. 파산 확률이 1% 미만일 때 안전한 거래로 간주되므로 이 거래도 안전한 거래라고 할 수 있습니다. 따라서 '리스크에 노출되는 자금의 비율 2%, 승률 71.4%, 손익률 1.5배'는 상당히 안정적인 거래 규칙입니다.

주식을 운용할 때는 이런 수치를 기록하면서 자신의 거래가 안정성을 유지하고 있는지 수시로 확인하는 것이 좋습니다.

교훈-8
초보자를 위한 세 가지 조언

〈첫째〉 증권 계좌 개설과 실제 매매는 제일 나중에!

코로나 사태로 주식 시장이 혼란해지고 주가가 대폭 하락한 가운데 '지금이 기회다!'라며 막연히 돈을 벌겠다는 생각으로 증권 계좌를 개설하고 매매를 시작하는 사람이 많습니다.

그러다 처음으로 손실을 경험하고 정신이 번쩍 들면 공부를 시작하겠지요. 주식 시장은 투자자 90% 이상이 손해를 본다고 할 정도로 가혹한 곳입니다. 수입을 늘리고 싶은 마음으로 의욕 있게 거래를 시작하는 것은 좋지만 소중한 자산을 함부로 취급하다가 잃어버린다면 시간도 돈도 너무 아깝습니다.

주식 거래에서 가장 중요한 것은 내일 주가가 어느 쪽으로 움직이느냐 하는 '방향성'을 파악하는 일입니다. 또 그 방향으로 얼마나 움직이느냐 하는 '변동률'도 예측해야 합니다. 이 두 가지를 모르는 상태로 실제 자산을 투입하여 거래를 시작하는 것은 매우 위험한 일입니다.

〈둘째〉 자동 매매는 쳐다보지도 말 것!

주식투자를 시작한 사람이라면 누구나 한 번쯤은 자동 매매를 생각해 보았을 것입니다.

회사 일 때문에 매일 바쁜 자신을 대신하여, 잠잘 때나 놀 때도 자동으로 수익을 내주는 꿈같은 시스템이 있다면 이용하지 않을 사람이 없을 것입니다.

그런데 과연 자동 매매로 수익을 낼 수 있을까요? 결론부터 말하자면, 유감스럽게도 그렇지 않습니다. 일시적으로 수익을 낼 때도 있지만 꾸준하게 수익을 내는 자동 매매 시스템은 한 번도 보지 못했습니다.

또 자동 매매 시스템을 이용하려다가 예상 외로 비싼 소프트웨어 사용료를 물게 되는 경우가 많으니 주의하기 바랍니다. 이 시스템을 악용한 사기꾼에게 피해를 본 사람도 많습니다. 비싼 비용을 들여 프로그램을 샀는데, 그것으로 수익을 낸 적이 한 번도 없다는 이야기까지 들었습니다.

특히 '반드시 수익을 낸다' '절대 손해 보지 않는다' '월수입 30만 엔을 100% 보장한다'라는 식의 홍보 문구에 주의해야 합니다. 이런 문구로 사용자를 현혹하는 업체가 있다면 십중팔구 사기꾼이라고 생각하는 것이 안전합니다. 주식투자에는 '반드시, 절대, 100%'라는 말이 존재하지 않기 때문입니다. 세계 최고의 펀드 운용자들도 반드시 손실을 경험합니다.

〈셋째〉 세상에 편하게 돈 버는 방법은 없다!

인터넷이나 잡지에서 '누구나 간단히 돈 벌 수 있다'라는 광고를 자주 보게 되는데, 여기에 솔깃해서 자금을 투입하면 위험합니다. 심지어 증권회사 직원이 추천하는 주식을 살 때도 긴장의 끈을 놓지 말아야 합니다.

실제로 주가가 10배, 20배로 뛰어 이득을 보는 투자자가 있기는 하지만, 그런 일은 자주 일어나지 않습니다. '재현성'이 없는 것입니다. 겉으로는 그 종목이 한없이 매력적으로 보이겠지만 그저 그 투자자의 운이 좋았을 뿐입니다. 겉으로 드러난 결과만 보고 자신도 그런 행운을 잡을 수 있다고 생각하는 것은 큰 착각입니다. 주식 투자자는 '급할 때 돌아가라'는 격언을 항상 기억해야 합니다. 설사 운이 좋아 한번쯤 크게 성공했다 해도, 꾸준히 수익을 내기 위해서는 지속적인 공부와 연습이 필요하다는 것을 잊지 맙시다.

지금까지 초보자가 주의할 점 세 가지를 말씀드렸습니다.

이 책을 읽는 여러분은 이 세 가지를 잘 지켜서 실패하지 않기를 바랍니다. 주식 운용에 필요한 올바른 지식을 갖추어 건전한 투자를 합시다. 세상에 편하게 돈 버는 방법은 없다는 진리를 가슴에 깊이 새겨 둡시다.

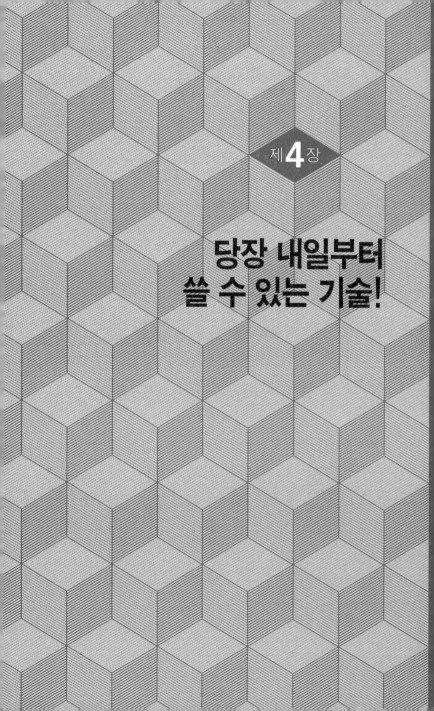

제**4**장

당장 내일부터
쓸 수 있는 기술!

차트 해석의 기본

──봉차트, 이동평균선

주가가 오를 때나 내릴 때나 수익을 올릴 수 있는 것이 주식투자의 가장 큰 매력입니다. 일반적으로는 주가가 내렸을 때 주식을 사는 사람이 많지만, 공매를 배워 주가가 하락했을 때 주식을 매수하면 간단하게 2배의 수익을 올릴 수 있습니다.

〈봉차트를 해석하고 활용하는 법〉

봉차트란 네 가지 값(시가, 고가, 저가, 종가)을 한 개의 봉으로 표현한 것입니다. 하루의 주가 변동을 시각적으로 파악할 수 있으므로 많은 투자자가 이 봉차트를 활용

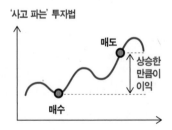

'사고 파는' 투자법

매도

매수

상승한 만큼이 이익

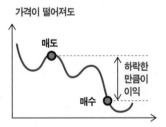

가격이 떨어져도

매도

매수

하락한 만큼이 이익

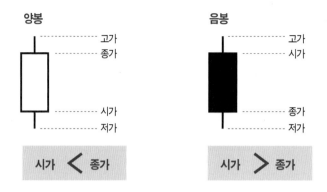

하고 있습니다.

시가보다 종가가 높은 것을 양봉이라고 하며 시가보다 종가가 낮은 것을 음봉이라 합니다. 또 최저가와 최고가는 상하로 튀어나온 '꼬리'로 표시합니다. 봉차트는 일봉, 주봉, 월봉, 연봉 등으로 나뉩니다.

〈이동평균선〉

주가 차트에 언제나 봉차트와 함께 표시되는 꺾인 선이 '이동평균선'입니다. 처음에는 어려워 보일 수도 있지만, 이동평균선은 주가 동향과 추세가 전환되는 시점을 찾는데, 가장 중요한 지표입니다. 따라서 주식을 거래하고 싶은 사람은 이동평균선을 해석하고 활용하는 방법을 반드

5일 이동평균값 산출 방법

종가

1일차	2일차	3일차	4일차	5일차	6일차	7일차
1,570	1,510	1,532	1,575	1,500	1,435	1,458

이동평균값

1~5일차 평균	2~6일차 평균	3~7일차 평균
1,537	1,510	1,500

이 평균값을 연결한 선이 이동평균선

시 배워야 합니다.

  이동평균선은 단기, 중기, 장기의 세 종류로 나뉩니다.
  저는 차트에 단기(5일), 중기(25일), 장기(75일) 이동평균
선이 표시되도록 설정해 두었습니다.

  예: 단기(5일) 이동평균선의 경우
  이전 5일의 종가를 합산하여 5로 나눕니다. 그 수치를
연결한 선이 단기 이동평균선입니다.

  이동평균선의 관계를 살펴보면 현재 주가가 어떤 국면
인지 파악할 수 있습니다.

특히 단기(5일) 이동평균선과 중기(25일) 이동평균선의 관계가 중요합니다.

- 상승 국면(도표 A)

단기(5일) 이동평균선이 중기(25일) 이동평균선보다 위에 있으면 '상승 국면'입니다.

- 보합 국면(도표 B)

단기(5일) 이동평균선이 중기(25일) 이동평균선을 위아래로 계속 관통하면 '보합 국면'입니다.

- 하락 국면(도표 C)

단기(5일) 이동평균선이 중기(25일) 이동평균선 밑에 있으면 '하락 국면'입니다.

지금까지 주가 차트 보는 법과 그 기본적인 활용법을 해설했습니다. 관심 종목이 지금 '매수하기 좋은 상황'인지, '매도하기 좋은 상황'인지 판단하는 데, 이 차트가 큰 도움이 될 것입니다.

주가 차트 분석법을 배워서 확실하고 꾸준한 수익을 올리는 투자가가 됩시다.

상승 국면(도표 A)

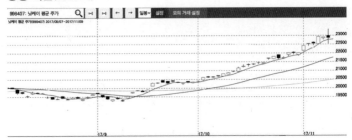

보합 국면(도표 B)

하락 국면(도표 C)

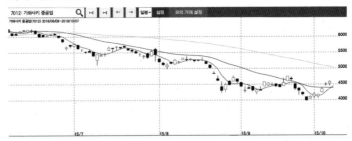

주가의 방향성을 판단하는 데 참고가 되는 다섯 가지 신호

지금부터 제가 테크니컬 분석을 할 때 참고하는 신호들 중 특히 중요한 다섯 가지를 소개하겠습니다. 평일 5일간 오후 2시 30분에서 3시까지 화장실에서 차트를 볼 때, 저는 다음과 같은 신호들에 특히 주목합니다. 여러분도 당장 내일부터 이 신호를 활용할 수 있습니다. 꼭 알아 두기 바랍니다.

〈기본적으로 확인할 것〉

①저항선과 지지선 (도표1)

봉차트의 종가를 연결하여 저항선, 지지선을 그어 봅시다.

이전 양봉의 종가를 연결하면 저항선이 되고 이전 음봉의 종가를 연결하면 지지선이 됩니다. 주가가 저항선을 뚫는 것은 주가가 상승한다는 신호이고, 지지선을 뚫고 내려가는 것은 주가가 하락한다는 신호입니다.

저항선

지지선

도표1

보합 국면 이후 상승이나 하락이 시작될 때가 많다

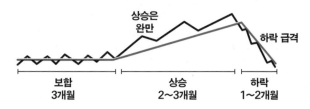

상승은
완만

하락 급격

보합
3개월

상승
2~3개월

하락
1~2개월

도표2

② 주기 (도표2)

(1)주가는 대개 '보합' → '상승' → '하락'을
반복합니다. 물론 예외도 있지만 원칙적으로는 이런 흐름
으로 움직인다는 사실을 기억해 두세요.

(2)보합이 3개월 정도 이어진 후 상승이나 하락이 시작
되는 경우가 많으므로 보합이 이어지는 종목을 발견했다
면 이후 상승 또는 하락에 따른 이익을 노립시다.

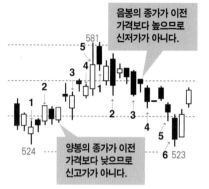

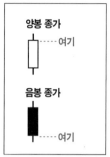

(3)어떤 종목이든 하락하는 속도는 빠르고 상승하는 속도는 느린 경향이 있습니다. 따라서 2~3개월에 걸쳐 천천히 상승한 주가가 1~2개월 만에 곤두박질치는 경우가 많습니다.

③가격 갱신

주가가 천장을 쳤는지, 혹은 바닥을 쳤는지를 확인하기 위해 신고가, 신저가를 헤아려 보는 방법이 있습니다.

세상에 끝없이 상승하거나 하락하는 주식은 없습니다.

언젠가 천장이나 바닥을 찍고 멈추기 마련입니다.

누구나 주식이 쌀 때 사서 비쌀 때 팔고 싶을 것입니다.

그러나 어느 시점의 가격이 가장 싸고 어느 시점의 가격이 가장 비싼지를 매 순간 판단하기는 어렵습니다. 따라서 합리적인 기준을 미리 정해 놓고 저점이나 고점을 판단하는 것이 편리합니다.

그래서 여기서 신고가와 신저가가 갱신된 횟수를 헤아려 천장과 바닥을 파악하는 방법을 소개하려 합니다.

양봉일 때는 종가가 전보다 높았던 날, 음봉일 때는 종가가 전보다 낮았던 날을 헤아립니다. (종가가 전과 같은 날은 포함하지 않습니다.)

주가의 추세에는 세 종류가 있습니다.

상승 추세: 단기 이동평균선이 중기 이동평균선 위에 있으면서 상향한다.

하락 추세: 단기 이동평균선이 중기 이동평균선 밑에 있으면서 하향한다.

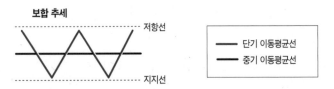

보합 추세: 단기 이동평균선이 중기 이동평균선을 위아래로 관통하면서
저항선, 지지선을 넘지 못하는 상태다. 중기 이동평균선은 경사가
크지 않고 비교적 완만하다.

이와 같은 가격 갱신이 5번 반복된 후 반대되는 봉 그래프가 나왔을 때 매매하면 됩니다.

④이동평균선

주가에는 세 가지 추세(상승, 하락, 보합)가 있습니다.

이동평균선의 상호 관계를 정확히 알면 추세에 적합한 거래를 할 수 있습니다.

3장에서도 이동평균선 보는 법을 설명했지만, 여기서 한 번 더 단기 이동평균선과 중기 이동평균선의 관계를 살펴보겠습니다.

⑤마디 가격

일반적으로 500엔, 1,000엔, 10,000엔처럼 딱 떨어지는 가격을 '마디 가격'이라고 합니다.[1]

이런 가격대는 투자자들에게 심리적 경계선으로 작용하여 거래에도 영향을 미칩니다. 실제로 마디 가격에서 매매가 활발해지는 경향이 있어 다음과 같은 현상이 자주 관찰됩니다.

---

1) 0이 많이 들어가므로 '라운드 피겨' '라운드 프라이스'라고도 부른다.

1	주가가 두세 자리라면, **10엔, 50엔, 100엔, 500엔…**

2	주가가 네 자리라면, **1,000엔, 3,000엔, 5,000엔…**

3	주가가 다섯 자리라면, **10,000엔, 30,000엔…**

- 마디 가격에서 주가가 반발한다.
- 주가가 마디 가격을 지나가면 움직임에 기세가 붙는다.

그래서 여기서 몇 가지 매매 포인트를 포착할 수 있습니다.

(전부 해당 주식을 보유하지 않은 상태를 전제로 함)

〈진입 시의 판단으로〉

- 하락 국면에서 마디 가격을 넘는 순간 매수한다.
  (역투자)
- 상승 국면에서 마디 가격을 넘는 순간 매수한다.
  (순투자)

- 하락 국면에서 마디 가격을 넘는 순간 매도한다.
  (순투자)
- 상승 국면에서 마디 가격을 넘는 순간 매도한다.
  (역투자)

이처럼 주가가 마디 가격을 지나는 것을 신호로 여겨 매매를 생각할 수 있습니다.

또 이 신호가 다른 신호와 조합되면 더 믿을 만해집니다. 그러므로 주식을 운용하는 사람은 차트를 볼 때 마디 가격까지 의식해야 합니다.

지금까지 기본적인 매매 신호 다섯 가지를 소개했는데, 어떻게 느끼셨나요? 이 다섯 가지를 외워 두면, 그중 몇 가지가 함께 나타났을 때 주식을 매매하여 승률을 올릴 수 있습니다.

실제 거래에서는 **신호가 세 가지 이상 겹쳐졌을 때 매매하는 것이 좋습니다.** '저항선을 돌파했으니 산다'라는 식으로, 신호 하나만 보고 매매하면 실패할 가능성이 높으니 주의합시다.

이외에도 여러 가지 신호가 있지만, 일단은 이 다섯 가지를 숙지하고 차트를 관찰해 봅시다.

처음에는 어렵게 느껴질지도 모르지만 익숙해지면 아주 쉽습니다.

기본 신호를 활용하는 기법은 '우연'이나 '요행'이 아닌 확실한 근거에 기초하여 판단을 내리는 방식이므로 '재현성'이 매우 높습니다. 그래서 제대로 배우고 연습하기만 하면 누구나 올바른 판단 기준과 가치관을 갖추게 되어 주식투자에 성공할 수 있습니다.

즉 기본 신호를 알고 활용하면 숙련된 투자자는 물론 미경험자도 충분히 좋은 실적을 낼 수 있습니다.

내일부터 활용 가능한 초강력 기술

이 책에 이 내용을 포함할지 말지 망설였지만, 모처럼 이 책을 선택한 여러분을 위해 요긴한 거래 기술 두 가지를 공개하겠습니다.

바로 '중기 이동평균선 추세 반전'과 '3개월 이상 장기선'을 활용하는 기술입니다.

①세계 최고로 쉬운 기술
'중기 이동평균선 추세 반전 매매' (초수)

중기선 추세 반전 매매에는 두 가지 패턴이 있습니다. 매수하는 패턴과 매도하는 패턴입니다. 물론 100% 성공을 보장할 수는 없지만, 테크니컬 분석에 기초하여 거래하는 초보 투자자가 활용하기에 안성맞춤인 기술입니다.

제 평생 최초의 거래 역시 중기선 추세 반전 매수였습니다. 초보자용 필살기라고도 할 수 있는 이 기술은 제대로 연습하기만 하면 다양한 거래에 활용할 수 있습니다. 실제 거래가 두렵다면 모의 투자를 하거나 소액으로 시작해보세요. 이 기술은 역사적 사건의 연도나 수학 공식을 외우듯이 통째로 외워 두는 것이 편리합니다.

구체적인 방법을 설명하겠습니다.

먼저 매수 패턴입니다. 주가가 중기 이동평균선 위에 있

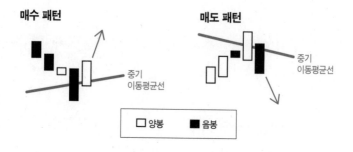

매수 패턴

중기
이동평균선

매도 패턴

중기
이동평균선

□ 양봉　■ 음봉

을 때, 그 선을 건너뛰듯 주가가 음봉에서 충돌하고 양봉
에서 반전하면 매수합니다.

반전한 양봉의 종가가 전일의 음봉 시가보다 높은 것을
확인한 다음 폐장 직전(14:30~15:00)에 주문을 넣습니다.
그 후에 음봉이 나오면 정리합니다. 음봉이 나오지 않아
도 3일 이내에 정리합니다. 매도의 경우에는 이와 반대로
하면 됩니다.

중기선 추세 반전 매매는 초보자도 금세 활용할 수 있
는 기법이라써 '초수(初手)'로도 불립니다. 초수란 장기나
바둑에서 '최초의 한 수'를 뜻하는 말입니다.

전형적인 초수의 사례를 여기에 소개합니다.

중기 이동평균선
추세 반전 매수를
노릴 포인트

도표1

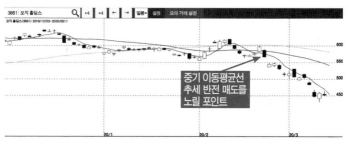

중기 이동평균선
추세 반전 매도를
노릴 포인트

도표2

〈매수 패턴 참고 차트〉 도표1

추세가 국면과 일치하면 승률이 향상된다는 것을 보여
주는 사례입니다.

3개의 이동평균선의 관계부터 살펴봅시다. 위에서부터
단기선〈중기선〈장기선 순서로 형성되어 있으므로 상승 국
면입니다.

상승 국면 또는 추세를 빨리 파악했을 때의 초수 매수
는 승률이 높습니다.

따라서 중기선 추세 반전 매매에서는 이동평균선의 순서와 기울기에도 주의를 기울여야 합니다.

〈매도 패턴의 참고 차트〉 도표2

위에서부터 장기선〉중기선〉단기선 순서로 형성되어 있으므로 하락 국면입니다. 하락 국면이거나 추세를 빨리 파악한 경우의 초수 매도는 승률이 높습니다.

〈장기선과 중기선 사이에 단기선이 있으면 승률이 낮다〉 도표3

중기선과 장기선이 상하로 평행하며 주가가 그 사이를 오가는 상황에서는 승률이 낮으므로 매매하지 않는 것이 좋습니다.

〈초수의 승률은 낮은 편이지만 경험을 쌓아 착실히 이익을 얻는다〉

중기 이동평균선 추세 반전 매매 기술은 초보자가 통째로 암기하는 기술이므로 거래가 기계적으로 이루어지기 쉽습니다.

그러나 초수의 기회를 포착하여 기술을 사용했을 때

승률은 기껏해야 60% 정도로, 절반 이상 성공하면 괜찮은 편입니다. 그러면 어떻게 해야 승률을 더 높일 수 있을까요? 답은 간단합니다. 기본 신호 여러 가지가 겹쳤을 때만 거래하면 됩니다.

이 기술의 승률이 60%라는 말을 들으면 '어, 생각보다 낮네' '100% 아니었어?'라고 고개를 갸웃거릴지도 모르지만 초보자가 기술을 통째로 암기하여 아무 생각 없이 거래해도 60%의 승률이 나오는 것은 대단한 일입니다. 승률이 50%를 넘으므로 이론적으로는 자금 손실이 발생하지 않으며 오히려 자산을 조금씩 불릴 수 있습니다. 또 잘만 하면 연간 10% 이상의 수익을 올릴 수 있습니다. 초보자가 처음에 착실히 차익을 벌면서 주식투자를 배워 나가기에 딱 알맞은 기술입니다.

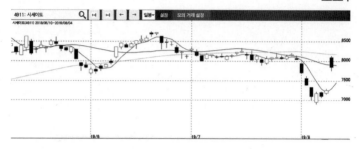

〈초수의 문제〉 도표4

그러면 여기서 문제를 하나 내겠습니다. 도표4에서 중기 이동평균선 추세 반전(초수)이 발생한 곳을 찾아보세요.

〈정답〉

잘 찾았습니까?

중기 이동평균선이 양봉을 뚫고 나온 다음 날 음봉에서 반전했습니다. 익숙해지면 금세 찾을 수 있으니 다양한 종목으로 연습하기 바랍니다.

지금까지 이해가 잘 되었나요? 아주 다양한 종목에서 이런 추세 반전이 발생합니다. 이 기술은 본질적으로 주가가 중기 이동평균선에 닿았을 때 반발하기 쉬운 특징을

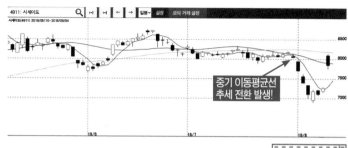

중기 이동평균선
추세 전환 발생!

8500
8000
7500
7000

19/6   19/7   19/8

이용하고 있습니다.

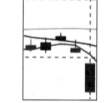

②'3개월 이상 장기선 매매'

다음으로 소개할 것은 '3개월 이상 장기 데이터를 표시하는 장기 이동평균선 매매'입니다.

주가가 장기 이동평균선에 3개월 이상 닿지 않다가 오랜만에 닿으면 반발하기 쉬운 특징을 이용하는 기술입니다. 그리 자주 쓸 수 있는 기술은 아니지만 초보자도 포인트를 쉽게 발견하여 적용할 수 있고 정확도도 높습니다. 우선 참고 차트로 배우고 실전에서도 찾아봅시다.

주가가 꾸준히 상승하거나 하락하는 차트가 있다면 잘 지켜봅시다. 주가가 장기 이동평균선에 접촉하지 않은 기간이 길수록 승률이 높아집니다.

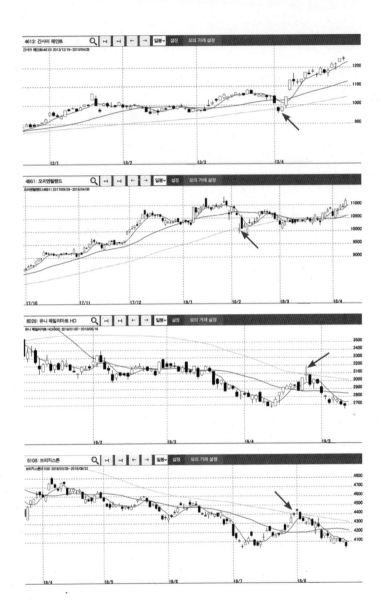

'중기 이동평균선 추세 반전 매매(초수)' 기술에서 주가가 중기 이동평균선에 반발하는 성질을 이용했던 것처럼 장기 이동평균선 기술에서도 같은 성질을 이용합니다.

이때도 장기 이동평균선만 보고 거래하기보다 다른 신호가 여럿 겹쳐졌을 때 거래하는 편이 성공할 가능성이 높습니다. '3개월 이상 장기 이동평균선' '중기 이동평균선 추세 반전(초수)' '마디 가격' '가격 갱신 횟수' 등의 신호를 민감하게 포착하여 승률을 높입시다.

제**5**장

실전 기술편

그럭 줄
알았어요!

차트 퀴즈로 투자 능력을
점검해 보자! Q1~Q8

　실전에서 저는 기본 신호가 셋 이상 겹쳤을 때만 매매하는 것을 원칙으로 삼고 있습니다. 그런 신호를 참고하여 주가가 오를지 내릴지 예측합니다. 반대로 원하는 조건이 갖춰지지 않으면 아무 행동도 하지 않습니다. '기다림'도 엄연한 투자 행위입니다. 지금부터 퀴즈를 여덟 개 내겠습니다. 지금까지 배운 것을 참고하여 답해 봅시다. 4장에서 배운 기술을 활용하여 도전해 보세요. 그럼 시작합시다!

Q1 도쿄 해상HD(8766)

　이 차트에서 중기 이동평균선 추세 반전(초수)이 발생했습니다. 어디일까요?

Q1

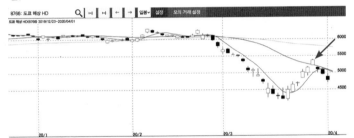

A1

중기 이동평균선 밑에 있던 주가가 위로 이동한 다음 날, 음봉에서 추세가 반전한 것을 알 수 있습니다.

가격 갱신도 다섯 번 발생했으므로 매도할 시점입니다.

Q2 소니(6758)

이 차트에서 중기 이동평균선 추세 반전(초수)이 발생했습니다. 어디일까요?

A1

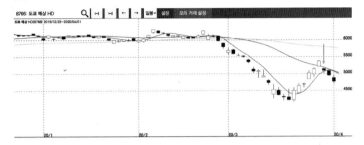

Q2

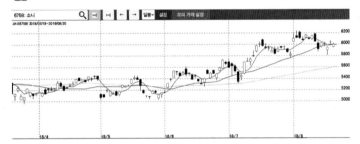

A2

중기 이동평균선이 주가를 위쪽으로 관통한 다음 날, 양봉에서 추세가 반전한 것을 알 수 있습니다. 직전까지 보합 국면이 3개월 이상 이어졌고, 상승 국면으로 전환될 듯한 순간에 초수가 발생한 것입니다. 매수할 시점입니다.

Q3 TOTO(5332)

2020년 2월 12일 이후 주가가 상승, 하락, 보합 중 어떤 추세로 움직이리라고 예상합니까?

A2

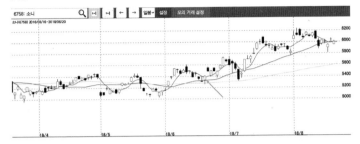

6758: ソニー

ソニー(6758) 2016/03/16~2018/06/20

18/4　18/5　18/6　18/7　18/8

Q3

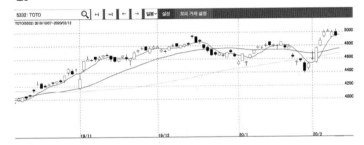

5332: TOTO

TOTO(5332) 2019/10/07~2020/02/12

19/11　19/12　20/1　20/2

A3

정답은 하락입니다.

여기에는 국면을 예상하는 데 도움이 되는 몇 가지 신호가 있습니다. 가격 갱신 발생, 보합 국면에서 주가가 이동평균선 위에 있음, 5,000엔의 마디 가격 돌파, 저항선 접촉 등 세 가지 신호가 겹쳤습니다. 2월 중순 이후에는 코로나 사태로 대폭 하락이 이어졌으나, 이런 상황에도 공매 제도를 활용하면 수익을 올릴 수 있습니다.

Q4 가와사키 중공업(7012)

기본 신호를 참고하여 어디서 진입해야 할지 생각해 봅시다.

A3

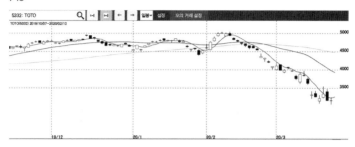

Q4

A4

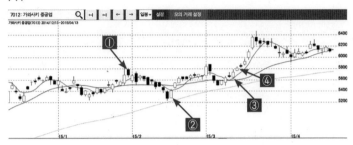

A4

①가격 갱신 5일, 저항선 돌파, 횡보 국면에서 이동평균선 위에 위치

②가격 갱신 5일, 지지선 돌파, 횡보 국면에서 이동평균선 아래에 위치

③횡보가 3개월 이상 이어진 후 단기선이 중기선에 접촉하여 반발

④③에 추가하여, 두 번째로 5,800엔의 저항선에 육박

Q5 가와사키 중공업(7012)

Q4의 ④에서 진입(매수)했다면 어디서 이익을 확정해야 할까요?

A5

A5

답은 여러 가지지만, 여기서는 그중 두 가지를 소개하겠습니다.

a. Q4의 ③지점에서 매수한 금액인 5,600엔에 가까운 양봉이 나오고 5번 이상 가격이 갱신된 후에 음봉이 나타나면 이익을 확정합니다.

b. 단기선이 중기선을 관통(상승이 끝남)할 때까지 보유합니다.

이처럼 진입하는 시점에 출구(이익 확정)까지 정해 두는 것이 매우 중요합니다.

Q6

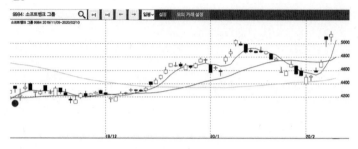

9984: 소프트뱅크 그룹

소프트뱅크 그룹 9984 2019/11/05~2020/02/10

일봉 설정 모의 거래 설정

Q6 소프트뱅크 그룹(9984)

이 기업의 주가가 오른다고 예상하여 매수하겠습니까, 아니면 내린다고 예상하여 매도하겠습니까?

A6

정답은 '아무 행동도 하지 않는다'입니다.

약간 심술궂은 질문이었군요. 하지만 자산을 운용할 때는 기다리는 것도 매우 중요합니다. 다만 3장에서 말했듯 결산일은 넘기지 말아야 합니다. 결산일을 넘기는 것은 도박과 같습니다. 그러므로 매수하기 전에 반드시 결산 시점을 확인하도록 합시다.

A6

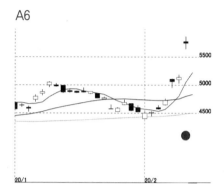

Q7

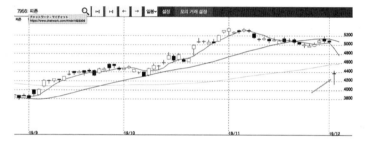

Q7 피죤(7956)

이같이 주가가 급락했을 경우, 당신이라면 어떻게 하겠습니까?

①매수 ②매도 ③대기

Q8

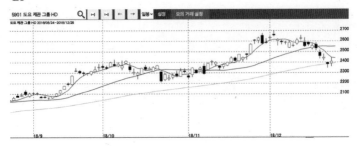

A7

답은 '매수'입니다.

다만 매수한 당일에 매도해야 합니다. 아침에 주가가 제일 쌀 때 샀다가 기회를 보아 매도함으로써 이익을 확보하는 것입니다.

이것은 상당히 고도의 기술이라 초보자에게는 어렵겠지만, 연습하면 머잖아 능숙해질 것입니다.

Q8 도요 제관 그룹HD(5901)

2주 후 이 기업의 주가가 오를까요, 내릴까요?

A8

정답은 '오른다'입니다.

중기 이동평균선 추세 반전(초수 매수 패턴), 가격 갱신, 마디 가격 돌파, 꼬리 형성, 오랜만의 장기선 접촉이라는 신호들이 겹쳐졌기 때문입니다. 주가가 3개월 이상 장기선에 닿지 않았다가 오랜만에 닿으면 반발한다는 것을 잊지 맙시다.

제**6**장

번외편

누구나 법칙을 잘 배워 매매하면
성공할 수 있다!
── 접대원과 사무보조원 등의 사례

저만 이 책에서 소개한 거래 기법으로 성과를 내고 있는 것이 아닙니다. 남녀노소를 불문하고 많은 사람이 수익을 내고 있는데, 그중 몇 명을 여기에 소개하겠습니다.

〈신주쿠 가부키초의 인기 접대원인 기리야 씨〉

아무 경험 없이 주식투자를 시작한 지 불과 2개월 만에 월간 수익률 5% 이상 달성!

〈25세 사무보조원 M씨〉

초보로 시작하여 50만 엔을 처음으로 투자한 후 5개월 만의 첫 거래에서 1.8%의 이익 달성!

신주쿠 가부키초의 인기 접대원 기리야 씨

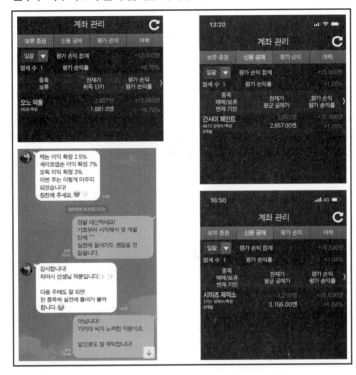

50대 주부 M. R. 씨

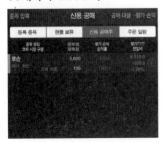

25세 사무보조원 M 씨

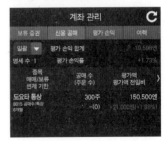

30대 개인 사업자 T. H. 씨

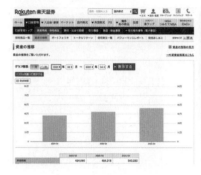

25세 사무보조원 M 씨

〈50대 주부 M. R. 씨〉

남편의 계좌를 이어받음. 보유한 절임주를 어떻게 해야 할지 고민하다가 열심히 공부하여 손실을 만회하겠다는 각오로 실전 돌입. 인생 최초의 공매도를 실시한 지 하루 만에 약 9,000엔의 이익 달성.

〈40대 회사원 T. N 씨〉

2013년부터 부동산 투자를 시작, 현재는 다세대주택 3동 22실(나고야, 지바, 오사카) 보유. 그 외에 도내의 신축 다세대주택 1동을 토지 단계에서부터 구입했다가 매각까지 해 보았음. 자산 확대를 위해 주식투자에 도전, 현재 월간 80만 엔 정도의 수익을 보고 있음.

〈30대 개인사업자 T. H. 씨〉

광고 대리점 → 셰어하우스 운영 회사 → 개인사업자를 거침. 지금은 네 가지 직업을 병행하는 중. 디자인, 웹 제작, 글쓰기가 특기. 투자 이력 10개월의 신규 투자자. (2020년 4월 수익률은 12.5%)

어떻습니까? 여기 등장한 모든 분이 초보로 시작하여 꾸준히 실적을 내고 있습니다.

특별한 능력이나 배경이 없어도, 누구나 올바른 방법으로 도전하기만 하면 이익을 낼 수 있는 분야가 주식투자입니다.

내가 자주 거래하는
추천 종목 Best 5

(※ 2020년 7월 13일 시점의 정보임)

이 책 3장과 4장에서 '주식투자에서 주의할 점' '거래를 위한 기술'을 설명했습니다. 여기서는 그 이론을 실천한 사례를 소개하겠습니다. 일단 복습 삼아, 차트에서 기본 신호가 발생한 지점을 찾아보세요.

이 종목들은 제가 실제로 자주 거래하는 종목이기도 합니다. 대부분 시가 총액이 높은 기업이라서 여러분도 실전에서 자주 보게 될 것입니다. 이 책으로 예습하여 운용 능력을 미리 갈고닦아 둡시다.

제 6 장

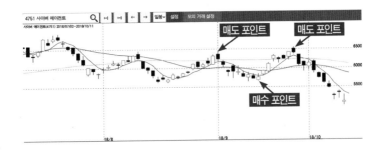

①사이버 에이전트

〈DATA〉

시장 : 도쿄증권 1부

코드 : 4751

주가 : 5,960엔

시가 총액 : 7,535억 엔

기간 : 2018년 8월 1일~2018년 10월 11일

'깔끔한 보합 국면을 포착하자!'

제가 실제로 거래할 때 의식했던 방향성입니다. 보합 국면에서는 가격 갱신, 저항선 접촉, 지지선 접촉 등의 기본 조건이 겹쳐서 발생하기 쉽습니다. 또 보합 국면 이후 상승 국면이나 하락 국면이 올 것을 예측할 수 있습니다. 하루의 주가 변동률이 큰 것도 특징입니다.

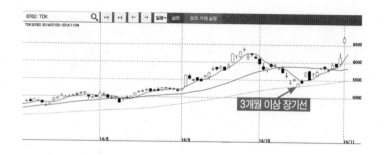

3개월 이상 장기선

14/8　14/9　14/10　14/11

②TDK

〈DATA〉

시장 : 도쿄증권 1부

코드 : 6762

주가 : 10,860엔

시가 총액 : 1조 4,073억 엔

기간 : 2014년 7월 1일~2014년 11월 1일

'가격 갱신 5일 법칙이 잘 들어맞는다.'

상하 변동이 큰 종목이지만 차트 형태는 비교적 깔끔합니다. 상승 국면에서 주가가 가격 갱신 5일 이후 떨어지기 시작할 때 매수했습니다. 주가는 중기선과 장기선에 닿으면 반발하는 특징이 있으므로 이동평균선 추세 반전 매매 기술도 자주 쓸 수 있습니다.

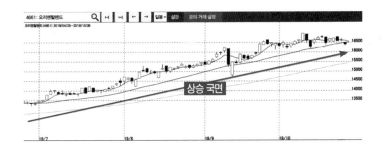

상승 국면

③오리엔탈랜드

〈DATA〉

시장 : 도쿄증권 1부

코드 : 4661

주가 : 10,860엔

시가 총액 : 5조 916억 엔

기간 : 2019년 6월 1일~2019년 11월 1일

'주주에게 대인기!'

주주 우대 선물인 디즈니랜드 할인권을 받으려고 매수하는 사람이 많습니다. 사는 사람이 많으면 주가가 오르므로, 싼 가격에 매수한 노련한 투자자는 주가가 중기선과 장기선에 반발하는 시점을 노려서 이익을 여러 번 챙길 수 있습니다.

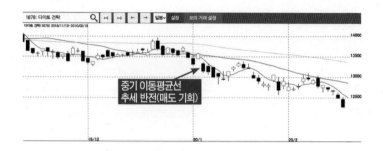

1878: 다이토 건탁 　Q｜ ↦｜ ⊢｜ ← ｜ → ｜일봉▾｜설정｜모의 거래 설정

다이토 건탁(1878) 2019/11/13~2010/02/16

중기 이동평균선
추세 반전(매도 기회)

14000

13500

13000

12500

19/12　　　20/1　　　20/2

④다이토 건탁(大東建託)

〈DATA〉

시장 : 도쿄증권 1부

코드 : 1878

주가 : 9,987엔

시가 총액 : 6,882억 엔

기간 : 2019년 9월 1일~2020년 2월 1일

'매도를 노려야 할 국면'

보합 국면이 3개월 이상 이어진 이후 단기선이 중기선 아래로 파고들었으므로, 중기 이동평균선 추세 반전이 발생할 때 비교적 쉽게 매매 타이밍을 잡을 수 있습니다. 하루의 주가 변동이 비교적 적으므로 이익을 꾸준히 낼 수 있는 종목입니다. 최적의 기회가 올 때까지 기다리는 능력이 필요합니다.

지지선을 돌파
(매도 기회)

⑤NTT

〈DATA〉

시장 : 도쿄증권 1부

코드 : 9432

주가 : 2,543엔

시가 총액 : 9조 9,216억 엔

기간 : 2016년 3월 1일~2016년 6월 20일

'안정적이라 초보자에게 적합한 종목'

　시가 총액이 매우 높은 안정된 기업으로, 차트도 깔끔
하여 초보자에게 적합합니다. 마디 가격에도 잘 반응하므
로, 주가가 저항선이나 지지선에 접촉하는지 잘 지켜보아
야 합니다.

정말로 도움이 되는
유명 투자 격언 10선

[5월에는 주식을 팔아라=Sell in May]

일본에도 '5월에 주식을 팔아라'라는 말이 있고 서양에도 'Sell in May'라는 말이 있습니다.

동서양을 넘어서 모든 주식 시장에 비슷한 경향이 있는 듯합니다. 그래서 말과 문화는 달라도 같은 격언이 통하겠지요.

[내일도 시세가 있다]

주가는 시시각각 변동하므로, 기회가 왔을 때 주식을 즉시 사고 싶은 것이 인지상정입니다. 그러나 그것이 아무리 좋은 기회였다고 해도 마지막 기회는 아닙니다.

섣불리 행동하면 실패할 가능성이 높으니 서두르거나 허둥대지 말고 자신의 전략에 따라 차분히 행동합시다. 오늘 사지 못했다 해도 내일 다시 사면 될 일입니다.

[타인을 의지하지 말고 자신을 의지하라]

주식 투자자는 모든 투자 판단을 스스로 내려야 합니다. 타인에게 맡겨서 수익을 낼 수 있을 만큼 만만한 일이 아니므로 타인을 의지하면 안 됩니다.

주식 관련 뉴스 사이트 등에서 수많은 '타인의 의견'을 접하게 되지만, 그것이 옳은지 틀렸는지는 아무도 모릅니다. 자신이 어디에 투자했는지 속속들이 남에게 알려주는 사람은 없습니다. 스스로 판단하는 것이 가장 안전하고 확실합니다.

[사고 팔고 쉬어라]

주식은 사거나 팔면서 이익을 내는 투자 행위입니다. 그래서 매매를 하지 않으면 돈을 벌지 못한다는 생각 때문에 쉴 새 없이 매매를 하려는 사람이 있습니다.

그러나 투자를 하려면 팔거나 사는 것뿐만 아니라 쉬는 것도 중요합니다. 자신이 정해 놓은 조건을 충족시키지 못하는데도 억지로 매매를 할 경우 거의 손해를 보게 되니, 그럴 때는 적극적으로 쉬는 것이 낫습니다. 같은 뜻의 격언으로 '쉬는 것도 투자다'가 있습니다.

[대중이 가는 뒤안길에 꽃길이 있다]

아무도 주목하지 않는 저가주 중에서 급부상 종목이 탄생한다는 뜻입니다. 즉 거래 총액이 낮아서 아직 저가주인 종목들 속에 보물이 숨어 있다는 것입니다.

남들과 똑같은 행동을 하면 돈을 벌지 못하고, 대중이 가는 길의 뒤안길에 주목해야 이익을 얻을 수 있습니다.

[이제가 아직 되고 아직이 이제 된다]

이미 이야기했다시피 주가에는 마디 가격이 있으며, 천장과 바닥도 있습니다. 그러나 어디가 천장이고 어디가 바닥인지는 나중에야 확실히 알 수 있습니다. 현재 시점에서는 '이제 바닥이다'라고 생각해도 주가가 더 떨어질 수 있습니다. 반대로 '아직 바닥을 치지 않았다'라고 생각한 순간 주가가 갑자기 반등할 수도 있습니다.

그야말로 '이제'가 '아직' 되고 '아직'이 '이제' 되는 것입니다. 절대 단정하지 말고 유연한 자세로 시세를 보아야 합니다.

[매매할 때는 욕심의 80%만 채워라]

인간의 욕심은 끝이 없어서 돈을 조금 벌었다 싶은 순

간에 '좀더 벌고 싶다'는 마음이 드는 법입니다. 하지만 욕심에 끌려다니다 보면 전에 벌었던 것까지 다 잃기 십상입니다.

'머리와 꼬리는 버려라'라는 말도 같은 뜻으로, 무슨 일이든 욕심의 80%만 채우라는 것입니다. 욕심을 너무 부리면 결국 후회하게 됩니다. 하긴, 이것은 주식투자만의 이야기가 아니겠지요.

[종목 결핍]

'요령부득[1]'이라는 말이 있습니다. 새로운 일에 흥미를 갖고 바닥에서부터 시작하지만 무엇이든 어중간하게 끝나버린다는 의미입니다. 주식 세계에는 이와 비슷한 '종목부득'이라는 말이 있습니다. 새로운 종목이나 화제를 불러일으키는 종목에 흥미를 느껴 투자를 하지만 투자 행위에 별다른 근거나 전략이 없어서 결국 실패한다는 뜻입니다. 투자는 어디까지나 자신이 잘 아는 범위 내에서 이루어져야 합니다. 흥미가 있다고 해서 잘 모르는 분야나 종목에 투자해서는 안 됩니다.

---

1) 허리와 목을 얻지 못한다, 즉 중요한 부분을 잡을 수 없다는 뜻. 잔재주 많은 것이 오히려 화가 되어 대성하지 못하는 사람을 가리킨다.

[입춘 천장에 춘분 바닥]

입춘은 새로운 해의 시작이고 춘분은 낮과 밤의 길이가 같은 날입니다. 둘 다 옛날부터 중요한 절기로 여겨져 왔기 때문에 쌀 거래소 등에서 예전부터 쓰이던 말입니다.

주식 역시 입춘이 있는 2월에 1년 중 천장을 찍고 3월 하순의 춘분 때 바닥을 치는 경우가 많다고 합니다.

[모를 때는 쉬어라]

'사고 팔고 쉬어라'라는 말과 일맥상통하는 격언입니다.

주식투자에서는 매수만 하는 것이 아니라 전매, 환매나 던지기 등 매도도 적절히 할 줄 알아야 하며 적절하게 쉬는 것도 중요합니다.

특히 주식 환경이 불안정해서 미래를 예측하기 어려울 때는 무리하지 말고 쉬어야 합니다.

'서투른 생각은 쉬는 것만 못하다'라는 말도 있습니다.

특히 보합 국면에서는 향후 동향을 예측하기 어려우므로 방향성이 확실히 보일 때까지 쉬는 것이 좋습니다.

잦은 질문 모음

Q. 초기 자금이 얼마나 필요할까요?

A. 종목에 따라 다르지만, 자기 자금이 50만 엔 이상 있으면 시작할 수 있습니다.

Q. PC를 잘 활용하지 못하는데도 주식투자를 할 수 있을까요?

A. 문제없습니다. 실제 매매는 스마트폰을 통해 이루어질 때가 많습니다. 그래도 어느 정도는 배워야겠지요.

Q. 주식은 어려울 것 같아요. 경험이 전혀 없는데 괜찮을까요?

A. 경험이 전혀 없는 분들도 차트를 분석하는 법만 배우면 쉽게 시작할 수 있습니다. 어려운 전문 용어를 배우거나 두꺼운 참고서를 읽지 않아도 됩니다.

Q. 50대인데 투자를 시작하기에는 늦지 않았을까요?

A. 60대 이상도 문제없습니다. 정년 후에도 오랫동안 할 수 있는 일입니다.

Q. 회사원이라 주식 시장이 열려 있는 시간대에 여유가 나지 않습니다. 어떻게 해야 할까요?

A. 괜찮습니다. 하루 몇 분, 화장실에서 쉬는 시간이면 충분합니다. 종일 차트를 들여다보지 않아도 되니 본업에 전혀 방해되지 않습니다.

Q. 공매는 위험하다던데요.

A. 제 생각에는 공매를 안 하는 사람이 더 위험합니다. 공매를 배우면 하락 국면에서도 이익을 낼 수 있으므로 주가가 오르든 내리든 안심이 됩니다.

후기

끝까지 읽어 주셔서 감사합니다. 어떻게 느끼셨나요? 여러분에게 조금이라도 도움이 된다면 기쁘겠습니다.

지금 무엇보다 중요한 것은 '내일부터 무엇을 하느냐' 즉 행동입니다.

인생이 막바지에 다다랐을 때 여러분은 무엇을 가장 후회하게 될까요?

의무를 다하지 못한 것?
꿈을 좇지 못한 것?

사람들이 죽기 전에 가장 후회하는 것은 '이상적인 나 자신으로 살지 못한 것'이라고 합니다.

잘못을 저지르거나 도전했다가 실패한 것보다, 정말로 되고 싶었던 사람이 되지 못한 것을 가장 후회하고 가슴 아파한다는 것입니다.

멀리 보았을 때, 사람은 자신이 했던 행동보다 하지 않았던 행동에 더 큰 후회를 느낍니다.

행동했다가 실패하면 일시적으로 후회할지 몰라도 금세 회복하여 그 경험을 '인생 교훈'으로 바꿀 수 있습니다. 잘못을 저지르지 않는 완벽한 사람은 없습니다. 그러나 틀린 행동을 해도 지나치게 괴로워하지 않고 간단히 궤도를 수정할 수 있는 것이 인간이라는 존재입니다. 이처럼 잘못된 궤도는 수정할 수 있지만 하지 않은 행동은 수정할 수 없습니다. 거듭 말하지만 마지막까지 남을 후회는 '행동하지 않았던 것' '도전하지 않았던 것'에 대한 후회입니다. 혹시 비판받을 것이 두려워 다 써 놓은 소설을 발표하지 않은 사람은 없습니까? 또는 용기가 없어서 좋아하는 사람에게 마음을 고백하지 못한 사람, 그래서 그 사람과 인생을 공유할 기회를 놓친 사람은 없습니까? 많은 사람이 목표를 향한 첫걸음을 내딛지 못하고 기회가 찾아오기만을 기다립니다. 하지만 유감스럽게도 기회는 저절로 다가오지 않습니다. 기다리지 마세요. '나에게는 기회가 오지 않는다'라는 말은 핑계에 불과합니다. 죽을 때까지 후회하고 싶지 않다면 이제 여러분이 할 일은 한가지뿐입니다.

그렇습니다. 무조건 '행동'하는 것입니다.

죽음 앞에서 '그렇게 할 걸 그랬어, 이렇게 할 걸 그랬어'라고 후회하지 않으려면 오늘 당장 행동을 시작하세요! 인생의 문이 열리고 다른 세상이 펼쳐질 것입니다.

과거는 바꿀 수 없지만 미래는 바꿀 수 있습니다. 연속되는 실패를 경험하면서 최고의 동료나 최고의 배우자를 만날 수 있고, 최고의 경치를 보게 될 수도 있습니다. 눈물짓는 밤도 있겠지요. 때로는 좌절과 후회를 느낄지도 모릅니다. 게다가 새로운 도전을 하려면 언제나 주변에서 부정적 의견을 제기할 것입니다. 하지만 괜찮습니다. 그 결과도 머잖아 과거가 되어 흐려질 테니 충분히 극복할 수 있습니다. 실패는 그 순간에 멈춰 서 있는 과거일 뿐입니다. 한편 그 실패를 받아들이고 개선하여 다시 도전하면 성공의 힌트를 얻어 미래를 변화시킬 수 있습니다. 그 기회를 놓치지 않고 도전을 계속하면 인생은 반드시 향상됩니다. 성공할 때까지 도전하다 보면 과거의 실패도 필요

했음을 깨달을 것입니다. 즉 세상에 진짜 '실패'란 존재하지 않습니다. 실패를 두려워하지 말고 도전하세요.

이 책을 읽은 독자가 주식투자를 시작하여 인생을 크게 바꿀 계기를 얻는다면 저자로서 더한 기쁨이 없을 것입니다.

주식투자에 대해 궁금한 점이나 고민되는 점이 있으면 언제든 연락해 주세요. 변변찮은 사람이지만 정성껏 돕겠습니다.

마지막까지 읽어 주셔서 감사합니다.
언젠가 당신을 만날 날을 고대하며.

하야시 료

역자 소개 | ## 노경아

한국외대 일본어과를 졸업하고 대형 유통회사에서 10년 가까이 근무하다가 오랜 꿈이었던 번역가의 길로 들어섰다. 번역의 몰입감, 마감의 긴장감, 탈고의 후련함을 즐길 줄 아는 꼼꼼하고도 상냥한 일본어 번역가. 현재 에이전시 엔터스코리아의 일본어 전문 번역가로 활동하고 있다.

주요 역서로는 《너무 재밌어서 잠 못드는 경제학》, 《뜨거운 가슴으로 세상을 훔쳐라—소프트뱅크 손정의 회장의 경영철학》, 《애널리스트에게 배우는 리서치 교과서》, 《생각 정리를 위한 디자인 씽킹》, 《IT빅4》, 《무인양품 보이지 않는 마케팅》 등 다수가 있다.

월급쟁이 초보 **주식투자 1일 3분**
:화장실 휴식 시간에 주식투자했더니 월수입 5백만 원 달성!

1판 1쇄 발행 2021년 4월 20일

지은이 하야시 료
감수자 고바야시 마사히로
옮긴이 노경아
발행인 최봉규

발행처 지상사(청홍)
등록번호 제2017-000075호
등록일자 2002. 8. 23.
주소 서울 용산구 효창원로64길 6 일진빌딩 2층
우편번호 04317
전화번호 02)3453-6111 팩시밀리 02)3452-1440
홈페이지 www.jisangsa.co.kr
이메일 jhj-9020@hanmail.net

한국어판 출판권 ⓒ 지상사(청홍), 2021
ISBN 978-89-6502-302-9 [03320]

*잘못 만들어진 책은 구입처에서 교환해 드리며, 책값은 뒤표지에 있습니다.

주식 차트의 神신 100법칙

이시이 카츠토시 / 이정은

저자는 말한다. 이 책은 여러 책에 숟가락이나 얻으려고 쓴 책이 아니다. 사케다 신고가를 기본으로 실제 눈앞에 보이는 각 종목의 움직임과 조합을 바탕으로 언제 매매하여 이익을 얻을 것인지를 실시간 동향을 설명하며 매매전법을 통해 생각해 보고자 한다.

값 16,000원 국판(148*210) 236쪽
ISBN978-89-6502-299-2 2021/2 발행

경매 교과서

설마 안정일

저자가 기초반 강의할 때 사용하는 피피티 자료랑 제본해서 나눠준 교재를 정리해서 정식 책으로 출간하게 됐다. A4 용지에 제본해서 나눠준 교재를 정식 책으로 출간해 보니 감회가 새롭다. 지난 16년간 경매를 하면서 또는 교육을 하면서 여러분에게 꼭 하고 싶었던…

값 17,000원 사륙배판(188*257) 203쪽
ISBN978-89-6502-300-5 2021/3 발행